Terapia Familiar Breve

Uma nova abordagem terapêutica em instituições

Maria Luiza R. Meijome Piszezman

Terapia Familiar Breve

Uma nova abordagem terapêutica em instituições

Casa do Psicólogo®
uma empresa PEARSON

2ª Edição
2007

2ª Reimpressão
2015

Editor
Ingo Bernd Güntert

Produção Gráfica
Valquíria Farias dos Santos

Revisão Gráfica
Sandra Rodrigues Garcia

Capa
Yvoty Macambira

Dados Internacionais de Catalogação na Publicação (CIP)
Angélica Ilacqua CRB-8/7075

Piszezman, Maria Luiza R. Meijome
Terapia familiar breve: uma nova abordagem terapêutica em instituições / Maria Luiza R. Meijome Piszezman. — São Paulo: Casa do Psicólogo, 2015.

2ª reimpressão da 2ª edição de 2007
ISBN 978-85-7396-058-7

1. Família — Aspectos psicológicos 2. Psicoterapia de família I. Título.

CDD–616.89156

14-0105

Índices para catálogo sistemático:
1. Família: Técnicas de psicoterapia

Impresso no Brasil
Printed in Brazil

Casapsi Livraria e Editora Ltda.
Avenida Francisco Matarazzo, 1500 - Conjunto 51
Edifício New York - Centro Empresarial Água Branca
Barra Funda - São Paulo/SP - CEP 05001-100
Tel. Fax: (11) 3672-1240
www.casadopsicologo.com.br

"Não basta saber, é preciso
também aplicar; não basta querer,
é preciso também agir."

Goethe

Aos meus pais Raul e Virtude,
pelo grande amor e dedicação que
tiveram ao introduzir-me em seu próprio mundo.

Ao Isaac, homem muito especial
com quem tenho o privilégio de
construir uma nova vida.

Aos meus filhos Laila e Wolf,
que com sua existência
iluminaram o meu caminho.

Agradecimentos

Aos meus colegas do Instituto de Psicologia Aplicada Senador Fláquer, Santo André, pelo apoio a este trabalho,

Aos estagiários de 10º. período; em especial aos do ano de 1995; pela dedicação e empenho devotados às famílias e pelas atenções a mim dedicadas,

Às famílias, que, anonimamente, participaram do trabalho,

À Professora Doutora Rosa Maria S. de Macedo, mão amiga, afável e segura, que me orientou,

Às amigas Cláudia Beatriz Bruscagin, Nizha Francis Soriano, Clara Brochztaim e Rosa Eugênia de Freitas Pinto, pelo incentivo e encorajamento,

Ao professor e amigo José Aranha Filho, que cuidou dos aspectos formais do texto, dando-me a confiança de que este seria em breve uma realização,

Aos meus irmãos Alberto, Carlos e Eliete e cunhados Antônio Carlos, Nice e Lídia, pelo apoio e incentivo,

À minha sogra Gitla, pela confiança e apoio ao meu trabalho,

Ao meu sogro Zelman (em memória) que sempre admirou meu trabalho,

Às minhas sobrinhas, Natalia, Mariana, Giovana e Daniele, que com sua presença e carinho me transmitiram muito conforto,

Aos meus alunos e pacientes, com quem tenho o prazer de compartilhar os muitos momentos, onde sempre aprendo e cresço,

À Lucileine, que muito mais que uma secretária, é uma amiga que me ajuda a contornar muitas dificuldades que aparecem em nosso dia-a-dia,

À todos, muita gratidão.

Índice

Apresentação

Este livro apresenta o resultado de uma empreitada muito bem-sucedida, tanto na área do ensino da Psicologia, como na área da Terapia Familiar.

Partindo da necessidade de ampliação das práticas psicoterápicas na formação do Psicólogo, a autora, especialista em Terapia Familiar pelo Programa de Psicologia Clínica da PUC-SP, constrói um modelo de atendimento psicoterapêutico às famílias na Clínica-Escola do Curso de Psicologia da PUC-SP.

Esse modelo, como mostra o livro, em detalhes e de maneira muito bem fundamentada, adegua os princípios da Terapia Breve à Terapia Familiar, segundo os cânones da Teoria Sistêmica, tendo como finalidade o atendimento da demanda das famílias (de baixa renda) que buscavam a Clínica-Escola para soluções dos problemas com seus filhos.

A necessidade desse modelo, que fornece um roteiro seguro para o trabalho psicoterapêutico supervisionado, deve-se ao fato de que a Terapia Familiar é tarefa complexa e os alunos, no último ano de Psicologia, só teriam condição de realizá-la com respaldo teórico e técnico muito bem definido em todos os seus passos.

Esse é o grande mérito da autora: ela conseguiu organizar uma série de conceitos congruentes e consistentes, que tornam acessível ao psicólogo principiante a compreensão do funcionamento familiar, dentro de uma visão Sistêmica, inter-relacional, de causalidade circular que desfaz a visão de "bode expiatório", "causas", do problema da família. Ao contrário, pela articulação dos conceitos apresentados com as técnicas adequadas e a supervisão competente do terapeuta mais experiente, a família vai ampliando sua visão do "problema", percebendo as implicações mútuas de todos os membros que são parte do sistema, e, livre da busca de culpados, torna-se capaz de encontrar novas alternativas para resolver suas dificuldades, seus impasses.

A autora apresenta um esquema simplificado ao alcance do terapeuta iniciante; não se trata, no entanto, de um esquema simplista, superficial e insuficiente para atingir as mudanças passíveis de favorecer as soluções buscadas pelas famílias.

Por essa razão, considero este livro de extrema utilidade para professores e alunos dos cursos de Psicologia, bem como para todos os profissionais interessados em Terapia Familiar, além de ser também muito indicado para o trabalho com famílias em instituições tanto de saúde, como educacionais e de justiça, entre outras, pela eficiência, eficácia e rapidez com que produz seus efeitos benéficos.

Profa. Dra. Rosa Maria S. Macedo
Coordenadora do Núcleo de Família e Comunidade
Programa de Psicologia Clínica da PUC-SP.

Introdução

"Há uma tendência das coisas vivas a se unirem, a estabelecerem vínculos, a viverem umas dentro das outras, a retornarem a arranjos anteriores, a coexistirem enquanto é possível.
Este é o caminho do mundo."

Lewis Thomas

Da atenção dedicada à demanda da comunidade pelos serviços prestados pelas diversas instituições no campo da saúde mental; da busca de clareza e definição dos serviços oferecidos; do anseio pela melhoria da qualidade desses serviços e da necessidade de encontrar alternativas de atendimento que resultassem no melhor aproveitamento do tempo e do empenho das equipes terapêuticas dessas instituições traduzidos em resultados positivos e duradouros, obtidos de maneira rápida e eficaz, resultaram na experiência que nos propomos descrever nas páginas que se seguem.

O conteúdo central dessa experiência repousa na maneira de atender famílias. Trata-se de um modelo simplificado de terapia familiar que facilita tanto a assimilação do embasamento teórico-técnico quanto sua aplicação e que apresenta resultados cuja abrangência, no tempo e no espaço, é considerável, uma vez que evita a cristalização de comportamentos motivada por diagnósticos mais fechados.

Além disso, oferece à família do paciente "portador de problema" a oportunidade de conhecer seu próprio funcionamento. Em vez de ficar fora do tratamento, este torna-se o elemento primordial na eliminação do sintoma.

A Terapia Familiar Breve trabalha com o conceito de Paciente Identificado (P.I.), segundo o qual, o sintoma é produto de uma falha de interação no interior da própria família.

Este modelo de atendimento é familiar e é breve.

É familiar: seu objetivo é provocar mudanças positivas na maneira como a família interage de forma a eliminar o sintoma, ou seja, aquilo que a família julga ser o problema. Busca, portanto, na própria família, os recursos para lidar com o sintoma.

É breve: no momento em que a equipe terapêutica, bem como a família, têm, conjuntamente, a percepção de que o sintoma foi eliminado ou significativamente minimizado e que a família evoluiu a ponto de resolver, por si mesma, seus próprios problemas, a terapia está terminada.

Um investimento na preparação das equipes terapêuticas, geralmente multidisciplinares, que compõem as instituições, seria muito vantajoso, não só para as comunidades como para as próprias instituições.

Se públicas, os resultados positivos em termos de eficácia e economia de tempo lhes permitiria suportar com menos desgaste as tremendas pressões exercidas pela volumosa demanda.

Se privadas, esses mesmos resultados positivos contribuiriam significativamente para melhorar a imagem da instituição perante sua clientela.

Num e noutro caso, o retorno compensaria, amplamente, o investimento, pois o aprendizado pode abranger toda a equipe das instituições que, dependendo de seu campo de atuação, inclui profissionais como psicólogos, médicos, enfermeiras, assistentes sociais, religiosos, educadores e pode ser realizado em curto espaço de tempo, o que contribui para minimizar o custo.

Para as comunidades, seu valor é inconteste. A própria compreensão do funcionamento familiar pela equipe da instituição já é um fator muito vantajoso para a família mesmo quando se trata de outros tipos de tratamento, tais como neurologia, psiquiatria, fonoaudiologia e outros, porque passa a interagir com a família de maneira mais positiva e objetiva, evitando os sentimentos protecionistas ou acusatórios para com um ou mais membros desta, uma vez que compreende que a família como um todo necessita de orientação quanto à maneira de compreender o problema e de lidar com ele.

Por outro lado, a compreensão que a família passa a ter de seu próprio modo de interagir faz com que ela se sinta mais valorizada e apta a enfrentar os problemas que porventura o futuro lhe reserve, com cada membro assumindo as responsabilidades compatíveis com sua posição no seio da família.

Sendo a família a célula básica da sociedade, um programa de terapia familiar pode vir a ser uma verdadeira política de saúde pública. Ele pode ter lugar nos centros de saúde, hospitais, *forum,* igrejas, escolas, fábricas, associações de bairro, creches e outras.

Já há algum tempo vínhamos acompanhando o atendimento que as instituições costumam prestar às comunidades com o propósito de encontrarmos meios adequados para um atendimento mais efetivo à clientela que as procura.

Essa preocupação nos levou a realizar um estudo na instituição onde atuamos como docente e como supervisor de estágios, com o objetivo de estabelecer um suporte teórico-técnico que pudesse contribuir para a implantação de um novo procedimento clínico para o atendimento às crianças e suas famílias, nessa e em outras instituições semelhantes.

Vários terapeutas têm se preocupado com a melhoria dos serviços oferecidos pelas clínicas-escola dentre os quais podemos citar os trabalhos de Ancona-Lopez (1981), Larrabure (1982), Macedo [Coord.] (1986).

Optamos pela Terapia Familiar Breve, uma modalidade de terapia familiar sistêmica, cuja principal característica é a solução do problema apresentado por meio de mudanças no processo de interação da família, porque acreditávamos ser ela um instrumento capaz de minimizar o fenômeno, já apontado por Ancona-Lopez com relação às clínicas-escola em geral, de que, em virtude de um atendimento insatisfatório, "grande parte da população que procura a clínica desiste do atendimento com freqüência e silenciosamente". (*Psicodiagnóstico: Processo de Intervenção*, 1995, pág. 66).

Nosso trabalho foi desenvolvido com estagiários do 10º semestre do Curso de Psicologia das Faculdades Integradas Senador Fláquer, em Santo André, São Paulo, o qual, em seu Instituto de Psicologia Aplicada, oferece atendimento gratuito à comunidade, por intermédio dos estudantes do 9º e do 10º semestres.

Planejamos cada ação levando em conta o acompanhamento da evolução da família, ou seja, como as mudanças ocorridas contribuiriam para resolver a queixa apresentada.

Como a terapia familiar sistêmica é relativamente nova no Brasil, a decisão de realizarmos essa experiência exigiu de nossa parte uma análise cuidadosa e criteriosa, especialmente, de possíveis implicações negativas, tais como a resistência dos alunos e das próprias famílias e o uso que os futuros terapeutas pudessem fazer das técnicas aprendidas.

Justificamos nossa proposta por entendermos que a Terapia Familiar Breve é adequada ao tipo de atendimento oferecido pelas clínicas-escola, porque, além de possibilitar um atendimento efetivo às famílias, requer, em média, dez sessões para a solução da queixa, cabendo, portanto, perfeitamente, em um semestre letivo.

As outras demandas típicas podem ser expressas por: 1º) "Eu não tinha uma idéia real, o Dr. A quis que nós viéssemos". 2º) "Nós queríamos ouvir o que vocês têm a dizer, nós queremos sua opinião sobre o que está errado com ela/ele/nós". 3º) "Nós queríamos que vocês nos dessem algum conselho sobre o que devemos fazer ou como devemos agir com este problema". 4º) "Nós queremos saber qual a razão de ele/ela estar se comportando desta maneira, nós pensamos que vocês conversariam com ela/ele, encontrassem a razão e nos dissessem". 5º) "Nós esperávamos que na conversa com vocês encontraríamos o melhor caminho para resolver este problema."

É nesse contexto que nos propusemos apresentar uma forma de responder à necessidade de melhorar as condições que afetam a prática profissional no serviço de atendimento à Saúde Mental oferecido por essa entidade, tanto no aspecto quantitativo quanto no qualitativo, em benefício dos estagiários e das famílias.

No aspecto quantitativo podemos facilmente verificar as vantagens da Terapia Familiar Breve. A entrevista familiar já é um diagnóstico e uma intervenção. Pela interação com a família o estudante pode trabalhar o problema, trabalhando a queixa, eliminando, assim, a necessidade de passar por um processo para precisar a queixa, para a fundamentação da queixa. Diante de um caso, oriundo da triagem com uma queixa explicitada, seja de distúrbio de comportamento, de aprendizagem, de conduta, seja outro tipo de distúrbio, em vez de passar por todo um processo de testagem, passa, já, por um processo de terapia. Desse modo, no fim do semestre letivo, essa família terá saído da fila de espera. Terá deixado de ser um cliente inscrito para se tornar um cliente atendido.

Por outro lado, a Terapia Familiar Breve admite que o atendimento seja realizado por uma equipe terapêutica. Permite, portanto, a mobilização de vários estagiários no atendimento, conseqüentemente, um maior número de pessoas atendidas.

Quanto à qualidade há também um ganho em ambos os subsistemas: a família recebe um atendimento efetivo enquanto o estudante tem a oportunidade de praticar intervenções terapêuticas em vez de limitar-se à observação.

A literatura sobre terapia sistêmica nos dá conta dos excelentes resultados no tratamento de problemas específicos em tempo extremamente curto, se comparados com outras abordagens.

Capítulo I

Pressupostos Teóricos

1. Histórico

A terapia sistêmica nasceu de uma nova concepção sobre a doença mental em oposição, hoje bastante atenuada, às chamadas psicologias psicodinâmicas baseadas no intrapsíquico e, rapidamente, se tornou uma forma de psicoterapia que apresentava resultados satisfatórios em curto espaço de tempo, porém sem que houvesse um programa específico nesse sentido. A Terapia Familiar Breve é fruto de um esforço consciente para encontrar uma forma de terapia possível de ser realizada em curtíssimo tempo. O Instituto de Pesquisa Mental, um departamento da Palo Alto Medical Research Foundation conhecido pela sigla MRI (Mental Research Institute), criou um programa com o objetivo de realizar tratamentos em dez sessões.

A grande maioria da procura pelos serviços da clínica se enquadra na situação típica da família que traz suas crianças para que sejam "tratadas", porém, de acordo com a abordagem sistêmica, o "distúrbio" apresentado pela criança encaminhada é visto como reflexo da estrutura do desenvolvimento de sistema familiar.

Casabianca e Hirsch (1979) apresentam as premissas do modelo sistêmico em cinco pontos essenciais:

"1. A conduta de todo indivíduo é função da conduta de outros indivíduos com os quais mantém relações. Por conseguinte, se o comportamento de um deles se altera, também se alterará o [comportamento] do primeiro (sempre dentro dos limites de seu potencial pessoal).

2. Os indivíduos que mantêm relações mais ou menos estáveis podem ser vistos como membros de um sistema.

3. Os membros de um sistema significam suas condutas.

4. As condutas em um sistema se organizam em torno de dois eixos: interdependência e hierarquia.

5.Todo sistema pode ser visto sob a ótica do interjogo de duas tendências opostas: uma que favorece a mudança e uma que favorece a estabilidade."

A interação e o comportamento são elementos determinados pelos significados que os membros da família dão aos acontecimentos. A descrição do processo familiar nos mostra que a família interage segundo um padrão único próprio (Maturana e Varella, 1980; Leyland, 1988).

As escolas de terapia familiar sistêmica encorajam o terapeuta a reunir-se com a família e trabalhar com seus membros diretamente sobre as disfunções evidenciadas. Esse procedimento propicia resultados efetivos em curto espaço de tempo.

Tendo em vista nossa realidade e o tipo de população a ser atendida julgamos oportuno aproveitar certos aspectos da abordagem estratégica e da estrutural. Da abordagem estrutural julgamos importante o mapa familiar, no sentido de ajudá-la a perceber, por exemplo, a inexistência de regras ou problemas de comunicação. O trabalho concreto com estes aspectos já oferece uma possibilidade de progresso para a relação familiar. Da abordagem estratégica aproveitamos, sobretudo, os procedimentos do foco centrado no problema e da diretividade.

Em outras palavras, a postura mais interventiva, a preocupação com o foco, com a solução do problema é uma preocupação mais ligada à abordagem estratégica. A mudança, a ordem, ou seja, o estabelecimento de fronteiras, de hierarquia, de regras dizem respeito à abordagem estrutural e constituem um instrumento muito valioso para a organização da estrutura familiar e se faz necessário, sobretudo, para famílias de baixa renda ou famílias que têm um estilo de vida muito promíscuo, com muitas pessoas morando na mesma casa, muitos membros da família procurando afirmar sua autoridade, ou deixando-se dominar por um ou mais membros dessa família.

Assim, embora esses modelos tenham suas diferenças e apresentem-se como modelos distintos em função da predominância de determinados aspectos na maneira de atender à família e nas técnicas utilizadas, têm também muito em comum, muitas semelhanças. Do ponto de vista epistemológico não diferem: ambos são sistêmicos. Cada terapeuta, afinal, constrói seu próprio modelo em função de sua formação, das condições de trabalho e da população que atende.

Não é nosso propósito propor uma integração dos dois modelos. Nossa busca vai em direção da construção de um modelo mais simples, prático e adequado ao nível dos alunos e à clientela a que se destina.

A Terapia Familiar Estrutural, conforme proposta por Salvador Minuchin, é uma abordagem terapêutica naturalista no sentido de que tende a ver como essencial que o terapeuta, ao praticar o diagnóstico e a intervenção, tenha em vista o ecossistema no qual o problema existe. A Terapia Familiar Estratégica tem em Jay Haley um de seus maiores expoentes. Haley propõe uma terapia voltada para a solução do problema apresentado pela família. Pensando em aproveitar essas duas características básicas dessas abordagens, optamos por nos apoiar em seus pressupostos teóricos, especialmente no trabalho de Haley e de Minuchin, visto ambos considerarem que o comportamento emana do contexto no qual ocorre, ou seja, no sistema de relações familiares e sua interação com outros sistemas.

Minuchin (1974) e Haley (1979) fazem referência ao fato de que as famílias não trazem as suas disfunções, mas sim de que há um pedido para que o terapeuta comprometa-se com um membro em particular da família, o *paciente identificado (PI),* que acreditam ser o portador de problema e, conseqüentemente, pensam que seja o único que deve receber ajuda, a ser "tratado".

Para Minuchin (1980), a família é um sistema governado por regras compreendendo subsistemas que interagem mutuamente e afetam uns aos outros. Assim há o subsistema parental, ou seja, do casal enquanto pais; subsistema do casal, isto é, a interação entre os esposos; o subsistema dos filhos, subsistema constituído por pessoas do mesmo sexo (não só da mesma geração, mas incluindo duas ou mais gerações); subsistema constituído por um único indivíduo. Em suma, os subsistemas se formam em consonância com a maneira como as interações se processam no interior da família.

Haley (1979) diz que "a primeira obrigação de um terapeuta é mudar o problema apresentado pelo cliente" (*Psicoterapia Familiar*, pág. 126). Para ele o problema pertence à família e não apenas ao paciente identificado porém é inútil tentar convencer a família. Propõe duas opções: que o terapeuta induza uma crise de modo que todo o sistema tenha que se reorganizar ou que inicie uma pequena mudança e vá impulsionando persistentemente a família em direção a essa mudança até que ela esteja tão ampliada que o sistema tenha que mudar para adaptar-se a ela.

É nesse contexto que se insere a Terapia Familiar Breve. Ela tem sua origem em uma seção do MRI, o Brief Therapy Center (BTC), fundado em 1967, nos EUA, com a finalidade de verificar as possibilidades oferecidas por uma terapia breve, sistêmica e pragmaticamente orientada, estabelecida para dez sessões a serem realizadas semanalmente, com duração de cerca de dois meses e meio.

Igualmente a abordagem estrutural, em sua origem, destinava-se a ser uma terapia breve. Na década de 60 Minuchin e outros trabalhavam com garotos negros e porto-riquenhos dos guetos de Nova York na Wiltwyick School for Boys. As necessidades que esses adolescentes traziam requeriam uma terapia que apresentasse resultados práticos e imediatos. A solução encontrada foi fazer um atendimento que levasse em conta as famílias deles e o seu meio ambiente.

Nas páginas seguintes, situaremos, em linhas gerais, histórica e conceitualmente, a Terapia Familiar Breve no contexto da terapia sistêmica e das duas abordagens que mais se ocuparam dela, a Terapia Familiar Estratégica e a Terapia Familiar Estrutural.

Os diversos autores que se propuseram organizar a história, os conceitos básicos, os procedimentos e as técnicas da terapia familiar sistêmica têm utilizado os mais diferentes critérios, deixando a impressão, ora de que estão tratando de coisas muito distintas, ora de que tratam do mesmo assunto diferindo apenas na abordagem e na terminologia.

Cerveny (1992) diz que, sendo um "campo novo na área do conhecimento", é natural que a terapia familiar sistêmica esteja "se descobrindo e reformulando conceitos, valendo-se de talentos pessoais, o que dificulta a universalidade e o consenso". Assim, Bodin (1981) descreve as atividades do MRI (Mental Research Institute) sob a égide da Visão Interacional sem distinguir entre Abordagem Estratégica e Abordagem Estrutural, enquanto Stanton sugere uma integração entre essas duas abordagens sugerindo uma ligação mais próxima entre a Abordagem Estratégica e o MRI.

A abordagem Estrutural é sempre ligada ao nome de Minuchin pelos vários autores.

Guerin (1976) dá a década de 50 como aquela em que a terapia familiar começa a ser estruturada. Ela toma impulso na década seguinte, estende suas raízes mais profundamente no passado, à teoria dos tipos lógicos de Whitehead e Russel (1910-13), fonte na qual Gregory Bateson embasou sua pesquisa, iniciada em 1952, sobre os paradoxos da abstração na comunicação humana. Outra influência foi o trabalho de Norbert Weiner (1948) sobre cibernética enfocando o desenvolvimento da ciência da comunicação e o controle no interior dos sistemas.

2. *Abordagem Estratégica*

A Terapia Familiar Estratégica está ligada ao MRI. Bodin (1981) descreve as atividades do MRI nas décadas de 60 e 70 reunindo as principais influências desse período para a terapia familiar. Divide seu relato em pré-história, os primeiros dez anos e os segundos dez anos do MRI. Segundo ele, é impróprio falar de uma escola MRI, visto seus membros serem pensadores independentes e várias abordagens familiares terem sido desenvolvidas por seus membros, assim como é impróprio associar o MRI ao grupo de Palo Alto. Essa mesma atitude é assumida por Jay Haley (1976) que enfatiza a existência de dois grupos de Palo Alto com idéias bastante diferentes: um composto por membros que se dedicaram em tempo integral ao projeto dirigido por Gregory Bateson, que desenvolveu a teoria do duplo vínculo do qual participaram o próprio Haley e John Weakland; o outro, formado pela equipe de Don Jackson, que, como consultor psiquiátrico, dedicava tempo parcial ao projeto.

Bodin remonta a história do MRI ao ano de 1950 quando o antropólogo Gregory Bateson estudava os diferentes níveis e diferentes canais da comunicação bem como a maneira como uma mensagem modifica o outro e é significante na compreensão do outro. Junto com Jay Haley, William Fray e John Weakland, Bateson desenvolveu um projeto de comunicação no VeteransAdministration Hospital, em Menlo Park, Califórnia. O grupo escolheu as "comunicações esquisitas " que havia no hospital e a linguagem "ilógica" dos esquizofrênicos.

Em 1954 Bateson assistiu a uma palestra de Don D. Jackson sobre "homeostase familiar". Entusiasmado, Bateson entrou em contato com Jackson e passaram a trabalhar em colaboração.

Em 1959 surgiu o grupo do MRI, um departamento da Palo Alto Medical Research Foundation (PAMRF) em Palo Alto,

Califórnia. Seus objetos de estudo eram a esquizofrenia e a família. A ele se juntaram Virginia Satir e Jules Riskin e no mesmo ano o projeto de Bateson foi admitido no National Institute of Mental Health. Esse projeto, separado do MRI, foi desenvolvido, também através da fundação de Palo Alto (PAMRF)

Compreendendo a família como um sistema em evolução no qual os princípios da teoria geral de sistemas operam mais plena e poderosamente o MRI centraliza-se no comportamento, porém, os princípios de modificação do comportamento e a teoria da aprendizagem social não são prioritários para sua abordagem. Aconselhar um pai de família desesperado porque seu filho gasta dinheiro excessivamente a dar-lhe, de boa vontade, mais dinheiro, seria considerado um reforço pelos behavioristas, mas os terapeutas familiares praticam intervenções desse tipo com o propósito paradoxal de causar perplexidade no adolescente e interromper o padrão de comportamento.

O MRI ocupou-se inicialmente com a esquizofrenia. Weakland interessou-se pelo paralelismo entre esquizofrenia e hipnose. Bateson, Jackson, Haley e Weakland (1956) produziram escritos que culminaram na revisão da teoria do duplo vínculo baseados na análise das comunicações, derivada da Teoria das Categorias Lógicas (Whitehead e Russel, 1910-13). Para eles o comportamento esquizofrênico seria uma resposta do indivíduo a uma situação atual existente na família.

Na década de 60, houve uma expansão no atendimento da terapia familiar que passou do tratamento das famílias esquizofrênicas para famílias com outros tipos de problemas: delinqüência, fracasso escolar, ansiedade neurótica, asma, *borderline*, colite ulcerativa e conflito de casais.

Selecionamos alguns dados que demonstram os avanços da terapia familiar no tocante a pesquisas, publicações, desenvolvimento de técnicas e treinamento de terapeutas, graças ao trabalho do MRI:

a. Em 1960 Haley experimentava meios de medir as comunicações em família.
b. Em 1961 Paul Watzlawick e Janet Beavin elaboraram uma antologia gravada de comunicação verbal tirada de *tapes* das sessões de terapia familiar.
c. Em 1963 o MRI, em seu conjunto, conceitualizou a família como um sistema de interação social. Do enfoque inicial sobre a esquizofrenia houve uma expansão para a maneira como as interações da família afetava diversos fenômenos tais como colite infantil, asma e potencial acadêmico de crianças pré-escolares.

d. Em 1966 Satir e Elaine Sorenson envolveram-se no treinamento de terapeutas de família.
e. Em 1967 foi fundado o Brief Therapy Center (BTC) do MRI com o objetivo de verificar o aproveitamento terapêutico em um tempo breve aplicado a um problema específico. O tratamento durava dez sessões.
f. Nos anos 60 Weakland estudou filmes da China Comunista para compreender os padrões sociais das famílias chinesas.

O início dos anos 70 foi marcado por duas grandes perdas: o carisma do diretor Don Jackson, em virtude de seu falecimento, e a limitação das verbas federais forçando o MRI a buscar subsídios de fundações privadas.

O MRI obteve um patrocínio da Administration on Aging (governamental) e criou o Family Futures Center, destinado ao aconselhamento de idosos e suas famílias.

Outro programa desenvolvido nessa época foi o projeto para reintegrar na família os pacientes internados com doenças físicas na Stanford University School of Medicine.

Na década de 70 surge a concepção de que a esquizofrenia derivava de uma crise de desenvolvimento em vez de ser "doença mental". Esse conceito se coadunava com as teorias da interação familiar desenvolvidas pelo MRI. Os trabalhos do MRI sobre as dimensões da comunicação, sistemas familiares e sistemas sociais foram intensificados e ampliados, sendo, o MRI, segundo Bodin, o único a combinar pesquisa, clínica e atividades educacionais. Outra iniciativa dessa época foi a criação da Soteria House, onde se estabeleceu o sistema de residência para o tratamento da esquizofrenia (sem uso de drogas). Comparado com as internações, este procedimento apresentava os mesmos resultados, porém, com um custo bem menor.

Em 1978 o MRI iniciou um programa de clínica terapêutica de pacientes internados. Além disso mantinha um programa regular trimestral de treinamento sob a forma de *workshops*. Workshops e seminários eram apresentados constantemente nas Américas e na Europa. Carlos Sluski e Watzlawick deram início a programas de treinamento em terapia familiar e programas intensivos para falantes de língua espanhola em visita aos EUA.

A partir de 1979 novas direções foram concebidas tais como a Soteria Alternatives for Education (SAFE) destinada a facilitar a transição do esquizofrênico de volta à comunidade. Sob a direção de Carlos E. Sluzki o MRI ampliou suas atividades de treinamento e enfatizou as múltiplas linhas de intervenção do paradigma de sistemas interacionais pela exploração das relações conceituais entre os modelos desenvolvidos no MRI e outros centros de pesquisa e treinamento.

O MRI foi um pioneiro na pesquisa e treinamento sobre família e comunicação e no desenvolvimento da terapia familiar, terapia familiar breve e tratamento de emergência. Da diversidade de procedimentos do MRI brotou o conceito de estrutura e uma nova forma de terapia sistêmica, a abordagem estrutural, que examinaremos a seguir.

3. *Abordagem Estrutural*

Segundo Aponte (1981) a primeira tentativa de exposição de terapia familiar estrutural foi *Famílias dos guetos* (Minuchin, Montalvo, Guerney, Rosman e Schumer, 1967). Nos anos 60 havia uma revolução social em andamento nos EUA e a terapia familiar estava começando a ganhar larga aceitação. Nessa ocasião, Minuchin e seus colaboradores estavam trabalhando na Wiltwyck School for Boys, uma instituição dedicada principalmente aos negros e porto-riquenhos jovens dos guetos de Nova York. Era uma instituição para rapazes, que se transformou em instituição para tratamento de família.

Tratava-se de famílias pobres, cuja preocupação básica era a sobrevivência diária, a busca de soluções reais para os problemas reais em suas vidas. A urgência gerada pela pobreza na obtenção das coisas necessárias à vida fazia com que essas pessoas encarassem a abordagem psicoterapêutica como um meio prático para vencer suas dificuldades, procurando ver se o que estava sendo oferecido guardava alguma relação com seus problemas e que resultados poderiam ser colhidos de seus esforços.

Minuchin e sua equipe perceberam que as terapias, centradas no discurso direcionado para o *insight* em vez de ser direcionado para a ação, que buscam a expressão dos sentimentos em vez da integração dos sentimentos com o comportamento e a mudança de atitudes sobre a vida e não sobre as condições da vida, estavam tão afastadas das pressões cotidianas das pessoas pobres que não se mostravam úteis para elas. Desenvolveu, então, uma abordagem terapêutica fundada no imediatismo da realidade presente, orientada para a solução de problemas e sobretudo contextual, tendo como referência o desenvolvimento social, que é tanto uma parte do *setting* quanto um evento. A própria orientação estrutural foi lapidada pelas exigências das condições sociais dos adolescentes da Wiltwyck School.

Foi muito importante para o desenvolvimento da terapia estrutural a contribuição de Haley que, em 1965, associou-se a Minuchin e trabalhou com ele por vários anos na Philadelphia Child Guidance Clinic, para a qual Minuchin e alguns colaboradores tinham se transferido nesse mesmo ano. Embora Haley seja visto como um terapeuta estratégico, contribuiu signicativamente para o desenvolvimento de ambas as teorias (a estratégica e a estrutural) e para o repertório das técnicas estruturais. Sua abordagem de solução de problemas e técnicas estratégicas é evidente na terapia familiar estrutural.

Durante os anos 70 e continuando nos anos 80, algumas das escolas estruturais mantiveram a atenção sobre os pobres e expandiram a abordagem para incrementar a inclusão da comunidade nos diagnósticos e intervenções familiares com estas famílias. Durante esse tempo, um número de terapeutas estruturais envolveu-se com o tratamento e a pesquisa das chamadas famílias psicossomáticas. Segundo Aponte, enquanto muitas terapias atuantes na classe média foram adaptadas para trabalhar com pacientes das classes pobres, a terapia familiar estrutural fez o caminho inverso: originou-se do trabalho com os pobres e subseqüentemente expandiu-se para outros estratos sociais e econômicos como uma resposta terapêutica oportuna para a população, pois apresentava uma perspectiva prática e se firmava como uma teoria terapêutica com aplicação universal.

Segundo James e Mackinnon (1981) foi a partir do exame da estrutura e dinâmica da produção delinqüente, das inconveniências e desordens familiares e do desenvolvimento de abordagens teóricas que chegassem a essas famílias que se elaborou a construção teórica da Terapia Familiar Estrutural. Durante a década de 70 Jay Haley, Braulio Montalvo, Harry Aponte e outros trabalharam com Minuchin desenvolvendo sua concepção do funcionamento familiar usando conceitos de organização, de regras e de estruturas.

Na passagem da década de 60 para 70, Minuchin começou a focar as famílias de anoréxicos. Essas famílias diferiam daquelas de Wiltwyck porque eram de condição socioeconômica elevada, estruturadas e com extremo superenvolvimento. Com esse estudo, os conceitos organizacionais se tornaram mais claros e permitiram a distinção entre famílias funcionais e disfuncionais.

Os problemas estruturais são mantidos pelas interações correntes no sistema e freqüentemente emergem quando a família se defronta com um importante estágio de transição que requer a reorganização da família. As abordagens tendem a ser breves, comumente menos de dez sessões, e buscam criar uma pequena unidade de mudança que se espalha pelo sistema familiar levando à sua transformação e reorganização. A Terapia Familiar Estrutural foi um dos primeiros modelos de terapia familiar a incrementar a demanda pelo rigor teórico e pela competência clínica. Minuchin (1974) em *Families and Family Therapy* delineou este contexto associando os conceitos teóricos com as técnicas práticas.

A Terapia Familiar Estrutural tem em comum com as abordagens estratégicas a visão de que o comportamento emana do contexto no qual ocorre, ou seja, o sistema de relações familiares e sua interação com outros sistemas.

4. Conceitos Teóricos Básicos

Os terapeutas ligados ao MRI desenvolveram os principais conceitos básicos utilizados pela terapia familiar sistêmica. Bodin (1981) nos oferece uma síntese dos principais conceitos desenvolvidos pelos pioneiros:

Segundo Bodin, os primeiros desenvolvimentos teóricos e terapêuticos foram publicados por Jackson ou com sua participação e essas publicações foram examinadas e descritas por Greenberg[1] em 1977 podendo ser resumidas da seguinte maneira:

a. Homeostase familiar.
b. *Feedback* negativo e positivo.
c. Hipótese de regras (na família).
d. Regras descritivas e prescritivas.
e. Desenvolvimento de um novo ou mais abrangente conjunto de regras que impliquem em mudança efetiva nos relacionamentos.
f. O *quid pro quo* (tomar uma coisa pela outra) como uma regra familiar consciente ou inconsciente.
g. Pontuação — como estratagema de resgate para casais em conflito por terem diferentes perspectivas da realidade.
h. Causalidade circular (*versus* causalidade linear) ou negação do paradigma S-R do comportamento.

4.1. A Teoria da Comunicação

A hipótese do duplo vínculo foi desenvolvida por pesquisadores que mais tarde se agregaram ao MRI. Trata-se de uma redefinição

1. Greenberg, G. S. — *The Family Interaction perspective. A study and examination of the work of Don Jakson.* FAMILY PROCESS, 1977, 16, 385-412

da situação terapêutica, baseada na comunicação: considera as interações entre 'outros significantes' em vez de fazê-lo em termos de transferência e contratransferência.

As contribuições da Teoria da Comunicação para a patogênese foram organizadas por Watzlawick, Beavin e Jackson (1967). Os autores emitem conceitos tais como: a negação da comunicação, a rejeição da comunicação, a desqualificação da comunicação. Tudo isto é subscrito pelo axioma: a impossibilidade de não se comunicar.

Ao todo são cinco axiomas:

1. O indivíduo não consegue não se comunicar.
2. Toda comunicação tem um conteúdo e um aspecto relacional. O aspecto relacional caracteriza a forma e é uma meta-comunicação.
3. A natureza da relação diz respeito à pontuação das seqüências entre os comunicantes.
4. Os seres humanos se comunicam pelas formas digital e analógica.
5. Qualquer comunicação pode ser simétrica ou complementar dependendo de ser baseada na igualdade ou na diferença.

Quanto ao primeiro axioma, os autores argumentam que todo comportamento é uma comunicação: tanto a atividade como a inatividade, as palavras ou o silêncio influenciam os outros; o comportamento não tem oposto, ou seja, não existe um não comportamento. Conseqüentemente, por mais que o indivíduo se esforce, é-lhe impossível não comunicar, assim como é impossível ao outro não responder a essa comunicação.

O segundo axioma, aspectos de conteúdo e de relação, implica que uma comunicação, ao mesmo tempo que transmite uma informação, impõe um comportamento. A produção de disfunção derivada desse axioma consistem em:

a. a confusão dos níveis: o interlocutor não distingue se a mensagem prende-se ao conteúdo ou à relação;
b. discordância em cada um dos dois níveis;
c. uma rejeição da definição dada pelo outro;
d. um não confirma ou ignora a mensagem;
e. imprevidência em reorientar o *feedback* por ignorá-lo ou por interpretá-lo erroneamente e, no segundo nível, falhando na percepção de que o *feedback* não foi recebido e compreendido e por isso falha em não repeti-lo.

Terceiro axioma: a pontuação de seqüências de eventos diz respeito à interação entre comunicantes. A melhor maneira que encontramos para expor a pontuação foi reproduzir o gráfico fornecido pelos autores à página 49.

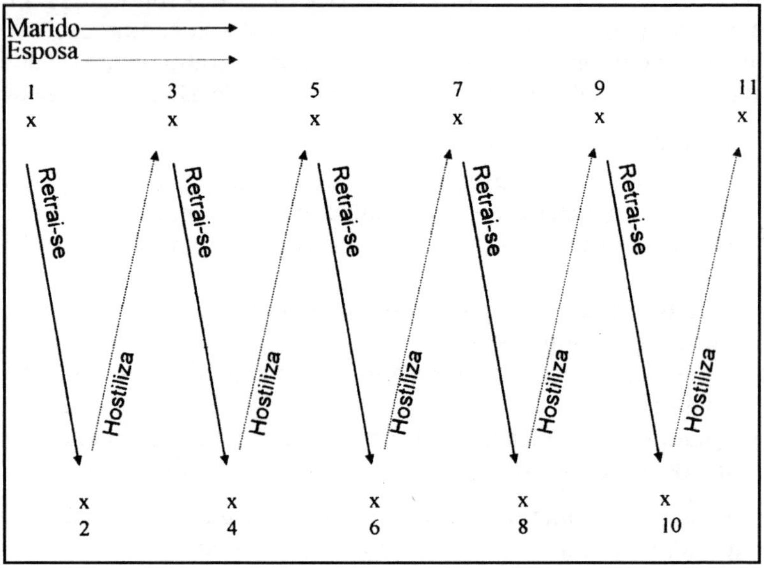

O gráfico mostra a interação de um casal com um problema marital em que o marido reage com um retraimento passivo, enquanto a esposa o critica e censura irritantemente. O marido dirá que o retraimento é sua única arma contra a censura dela enquanto a esposa dirá que o critica por causa de sua passividade.

Ele percebe apenas as tríades 2-3-4, 4-5-6, 6-7-8, etc., em que o seu comportamento (setas contínuas) é 'meramente' uma resposta ao comportamento dela (setas tracejadas). Ela pontua a seqüência de eventos nas tríades 1-2-3, 3-4-5, 5-6-7, etc. Não suspeita que determina o comportamento do marido. Pensa que apenas reage a esse comportamento.

Quarto axioma: A linguagem analógica guarda uma estreita relação entre o símbolo e a coisa simbolizada. Por exemplo, o desenho é uma linguagem analógica. O desenho de um gato representará, para um receptor, um gato, independentemente da língua que ele fale. A linguagem digital, por sua vez, depende da convenção linguística. A palavra gato evocará a imagem desse animal somente para um falante da língua portuguesa. Não terá nenhum significado para um chinês (que não tenha aprendido seu significado na língua portuguesa, evidentemente). A comunicação analógica seria, então, virtualmente, toda comunicação não verbal, incluindo postura, gestos, expressão facial, inflexão de voz, seqüência, ritmo e cadência das próprias palavras. Isso nos leva a concluir que o aspecto de conteúdo da comunicação (segundo axioma) é expresso pela comunicação digital enquanto o aspecto relacional é expresso pela comunicação analógica.

As disfunções relacionadas com este axioma derivam do fato de essas duas linguagens coexistirem e se complementarem na comunicação e da dificuldade que sentem, tanto o emissor, quanto o receptor, de combiná-las e de traduzir uma para a outra.

A linguagem digital apresenta uma sintaxe altamente complexa e lógica poderosa, mas falha semanticamente no campo das relações. A linguagem analógica é semanticamente adequada, mas falha na sintaxe que não é apropriada para eliminar a ambigüidade da natureza da relação. Quando alguém diz, por exemplo, *concordo*, esse termo deverá vir acompanhado de todos os aspectos nãoverbais da comunicação que confirmem sua emissão, como mover a cabeça para cima e para baixo, por exemplo. Cabe ao receptor decodificar esses elementos.

As disfunções relativas ao quinto axioma podem ser descritas da seguinte maneira:

Simetria e complementaridade:

a. escalada simétrica — ocorre a competitividade em que cada um deseja, pelo menos, colocar-se em pé de igualdade com o outro;
b. complementaridade rígida — ambos seguem regras não verbalizadas diferentes, tais como tradições culturais;
c. relações metacomplementares não resolvidas — cada um dos participantes permite ou tenta forçar o outro a protegê-lo, a tomar conta ou a ser simétrico.

4.2. O Conceito de Disfunção

Em *O mito da normalidade,* Jackson (1967) expressa seu ceticismo sobre o conceito de família normal. Para ele não há um modelo único de normalidade nas famílias ou nos casamentos e qualquer tentativa de encontrar tal padrão esbarra em problemas etnopolíticos que a conduzem à idéia do 'convencional'.

No entanto, o conceito de funcionalidade e disfuncionalidade mostra-se bastante útil para as finalidades terapêuticas porque permite a inclusão da noção de problemas e dificuldades.

O MRI opõe-se à noção de que a família normal resolve seus problemas. Para os terapeutas do MRI, numa família de bom funcionamento, os problemas persistem, mas não paralisam. Os problemas podem ser solucionados em famílias que usam 'bons argumentos', ou seja, argumentos que congregam os membros, em vez de afastá-los uns dos outros.

O Brief Therapy Center do MRI trabalha com o conceito de que problemas derivam de *dificuldades* como resultado da persistência em desenvolver esforços com as mesmas abordagens que provaram ser inadequadas para tais dificuldades. Esses problemas são a negação das dificuldades, ênfase excessiva e esforços bem intencionados (tentar animar o depressivo, por exemplo).

4.2.1. O ciclo de desenvolvimento familiar.

Famílias disfuncionais desenvolvem problemas porque não são capazes de ajustar-se às transições que ocorrem no ciclo vital familiar. Tornam-se rígidas em determinados pontos. Por exemplo, a dificuldade das famílias de jovens esquizofrênicos em permitir que eles deixem o lar. Pode-se falar, então, em topologia familiar ou sintomatologia familiar: o problema não é o jovem, mas a maneira como a família reage, interage e tenta adaptar-se ao período de crise.

O ciclo de desenvolvimento familiar (Haley, 1973) pode ser:

Previsível:

a. Esperado — casamento, nascimento de filho, início na escola, abandono do ninho, casamento do jovem, divórcio, tornar-se avô, aposentadoria, doenças, morte.
b. Não esperado — divórcio, morte (incluem-se em ambos).

Imprevisível:

a. Esperado — retorno da mulher ao trabalho após os filhos estarem crescidos.
b. Não esperado — 1) doença grave, acidente grave, fracasso ou sucesso muito grandes; 2) roubo, rapto, assassinato.

4.2.2. Função e disfunção

As categorias de famílias disfuncionais são designadas pelo nome da queixa apresentada. Por razões semânticas temos: famílias esquizofrênicas, famílias psicossomáticas, famílias asmáticas, famílias com colite ulcerativa, famílias delinqüentes, etc. Segundo Bodin (1981), esta nomenclatura causa certo embaraço porque presume que a família que apresenta determinada queixa agirá de acordo com certos padrões de interação sem levar em conta os princípios de equifinalidade (muitas origens diferentes podem conduzir aos mesmos resultados) e equipotencialidade (a mesma origem pode conduzir a resultados diferentes).

Bodin (1981) reúne os estudos das relações interpessoais realizados por vários autores:

a. Os conceitos de simetria e complementaridade proposto por Bateson em 1936, segundo o qual pessoas assertivas interagindo com pessoas submissas tenderiam a polarizar-se uma na outra, processo que ele chamou esquismogênese complementar. No caso de pessoas assertivas interagindo com outras pessoas assertivas a tendência é manter uma igualdade uma com a outra, processo que ele denominou esquismogênese simétrica.
b. As noções de meta-complementaridade (A força B a tomar conta dele) e metasimetria (A força B a ser igual a ele) de Watzlawick, Beavin e Jackson em 1967.
c. Conceito de relações paralelas, de Lederer e Jackson em 1968, nas quais os esposos, de maneira suave, alternam entre relações simétricas e complementares enquanto se adaptam às mudanças de situação.
d. A tipologia diádica de Sluzki e Beavin em 1965, descrita a seguir:
   I. Simetria estável — cada um dos discursos sucessivos de A e B define as relações simétricas.
   II. Complementaridade estável — os discursos sucessivos de A e B concorrem para definir um deles como dominante e o outro como submisso.
   III. Competição simétrica pela supremacia — os discursos sucessivos de A e B entram em conflito, cada qual querendo sobrepujar o outro.
   IV. Competição simétrica pela dependência — os discursos sucessivos de A e B entram em conflito, cada qual querendo ser dependente do outro.
   V. Competição assimétrica pela supremacia e simetria — os discursos sucessivos de A e B entram em conflito, um querendo a supremacia e o outro querendo a simetria.
   VI. Competição assimétrica pela dependência e simetria — os discursos sucessivos de A e B entram em conflito, um querendo ser dependente e o outro querendo a simetria.

VII. Fluidez — os discursos sucessivos de A e B não são predominantes em nenhuma das seis configurações, mas flutuam por elas todas.

A fluidez e o paralelismo se assemelham, porém no paralelismo o par alterna as configurações para adaptar-se às mudanças das circunstâncias.

Para a abordagem estrutural, os níveis funcional e disfuncional são determinados pela adequação da adaptação à organização estrutural do sistema, às solicitações de uma operação e um conjunto de circunstâncias. A *organização estrutural* de famílias refere-se aos padrões de relação comuns a todas as famílias. *Função* designa as áreas de atividade social humana. As *circunstâncias* dizem respeito ao contexto (tempo, lugar e parâmetros sociais em que a família realiza uma função).

Aponte (1981) diz que a abordagem estrutural é construída sobre a concepção de Lane (1970) de que "há no homem um mecanismo inato, transmitido geneticamente, que age como uma força estruturante" (diátese). Assim a natureza do ser humano e da sociedade seriam vistas como contendo em si certas dinâmicas predeterminadas que influenciam fortemente as direções e as extensões de regras que governam as relações humanas; a explicação dessas regras permaneceria no campo das crenças e dos valores tais como representados na religião, filosofia e ideologia política, inclusive nas várias abordagens psicológicas, com seus valores implícitos e não implícitos sobre normalidade e anormalidade.

A família é um sistema governado por regras compreendendo subsistemas que interagem mutuamente e afetam uns aos outros. Há um subsistema composto pelos pais, outro pelos filhos, pelo sexo feminino, pelo sexo masculino, por um indivíduo, etc. As mudanças ocorridas em um subsistema afetarão a família toda. O funcionamento de cada membro é determinado pela organização familiar e depende da posição desse mesmo membro na estrutura familiar (Minuchin, 1980).

O sistema familiar é considerado funcional ou disfuncional dentro de seu contexto social. 'Bom' e 'mau' funcionamento podem ser descritos como realização social mais estrutura familiar. A estrutura psicológica do indivíduo é vista como interdependente com a estrutura social da pessoa e a estrutura social é tratada como um meio pelo qual o indivíduo funciona e se expressa. É consenso geral que a família é o sistema social que mais concorre para formar as bases da socialização individual.

Os códigos reguladores do sistema são conhecidos pelos seus padrões manifestos. Podemos saber o que é *disfuncional* quando compreendemos o que é *funcional*. Minuchin (1980) diz que não é a ausência de problemas que distingue uma família normal de uma família anormal e que por esse motivo o terapeuta necessita de um "esquema conceitual do funcionamento familiar para analisar uma família". Ele propõe que a família seja compreendida como uma *estrutura* que passa por um *desenvolvimento* e por um processo de *adaptação*.

A consideração de dois aspectos fundamentais sustentam a discussão sobre funcionalidade e disfuncionalidade:

1. As estruturas não são deterministas. Elas viabilizam o funcionamento com maiores ou menores possibilidades. A habilidade de uma família de funcionar adequadamente depende do grau em que a estrutura familiar é bem definida, elaborada, flexível e coesa.
2. Estruturas disfuncionais não são o mesmo que o sintoma, pois o que determina a presença ou ausência de problema é a maneira pela qual a família se adapta às solicitações da função em certas circunstâncias. Por exemplo, se um garoto cabula aula, a constatação de que ele e sua mãe formaram uma coalizão contra o pai não explica a cabulação. É preciso compreender os padrões estruturais vigentes bem como as funções destes para a família e para os contextos sociais. Quando dizemos que um padrão relacional é uma disfunção estamos atendendo a uma finalidade prática de comunicação, pois na verdade tanto a família quanto o indivíduo são constituídos de muitas estruturas complexamente inter-relacionadas. Da mesma maneira não é apropriado dizer que uma estrutura é, por si mesma, funcional ou disfuncional. O emaranhamento de uma família é que, estruturalmente, serve de base para o comportamento sintomático da família. Com essa compreensão podemos falar de estruturas disfuncionais, de sintomas e tipos de problemas relacionados com os padrões.

Por *estrutura* entendemos os padrões de comportamento através dos quais as pessoas remetem umas às outras com a finalidade de levar a cabo determinadas funções. Estas *funções* são modos de ação pelos quais o sistema preenche seu propósito e as *operações* são aquelas funções realizadas em operações específicas. Os membros do sistema estruturam seus relacionamentos de acordo com os imperativos de cada operação. A função parental de estabelecer a disciplina é realizada, por exemplo, em operações específicas tais como a mãe dizer à filha a que horas deve voltar para casa.

A estrutura de uma família é única, assim como a personalidade de cada indivíduo. Podemos distinguir entre estruturas dominantes e estruturas subordinadas. *Estruturas dominantes* são aquelas sob as quais a maioria das operações familiares se baseiam. *Estruturas subordinadas* são menos solicitadas embora sejam o suporte das dominantes. O pai, que solicita a opinião de sua esposa para tomar uma decisão com relação aos filhos, está formando uma estrutura subordinada com relação ao cuidado dos filhos, sendo que a mãe, se assumiu a educação dos filhos, forma uma estrutura dominante.

A estrutura compreende três principais dimensões: fronteira, alinhamento e poder. Por exemplo, se à mãe é atribuído o papel de ditar as regras para seus filhos, isso diz respeito a fronteiras; se o pai concorda ou discorda, diz respeito ao alinhamento. As *fronteiras* determinam quem está dentro e quem está fora de um subsistema e definem o papel de cada um dentro dele. Os pais, por exemplo, assumem, perante seus filhos, papéis escolhidos por eles mesmos e também definidos pela sociedade. O *alinhamento* diz respeito à possibilidade de membros de um sistema se unirem ou se oporem para levar a cabo uma operação (Aponte, 1976). Nesse processo se incluem os conceitos de coalizão e de aliança. A *coalizão* se dá quando dois membros se unem contra um terceiro. Na *aliança* dois membros se unem para alcançar um objetivo comum. *Poder* se refere à influência de cada membro no resultado de uma atividade. O poder é relativo. Primeiro porque, estruturalmente, se restringe à operação. (A mãe pode exercer forte influência sobre os filhos em casa, mas quase nada quando eles estão fora) e segundo porque é gerado pelo modo como a família interage. (A autoridade da mãe depende do apoio do pai e da aquiescência dos filhos).

Umbarger (1983) define os conceitos de fronteira, alinhamento e poder proposto por Minuchin:

Fronteira. Uma fronteira pode ser experimentada como interações governadas por regras produzidas regularmente pelas pessoas durante largos períodos de tempo. Nos grupos familiares as fronteiras são fenômenos interativos que acontecem no tempo. Elas concorrem para consumar e definir a separação entre os sub-sistemas e podem ser observadas através das condutas verbais e não verbais que permitem ou que proíbem a discussão de assuntos vitais. As fronteiras podem ser abertas ou fechadas. Por exemplo, o casal pode interditar seus filhos de tomar conhecimento de certas particularidades a respeito de seu casamento. Por outro lado, pode ocorrer que uma família, rotineiramente, admita seus parentes e amigos na discussão de seus problemas.

Nas famílias disfuncionais, as fronteiras tanto podem apresentar uma tal rigidez que torna fácil sua identificação como serem completamente frouxas (difusas). As interações são marcadas pelo emaranhamento e pelo desligamento. No *emaranhamento* não se distinguem os espaços próprios de cada indivíduo. As pessoas são de tal modo envolvidas que uma parece ser parte da outra. No *desligamento,* ao contrário, as fronteiras são tão rigidamente delimitadas que um membro da família parece nada ter a ver com o outro. Um terceiro tipo de disfunção relacionado com fronteiras é a *violação das funções das fronteiras,* que consiste na intrusão de membros da família nas funções de outro membro. (Um filho que dita regras ao irmão, em lugar do pai, por exemplo).

Alinhamento. Por alinhamento compreendemos as condutas de *coalizão,* que pode ser estável ou circular, e *aliança* (Minuchin, Rosman e Baker, 1978). Na *coalizão estável* os membros de uma família se unem com um terceiro membro. A *coalizão circular* é, na verdade, uma coalizão estável, com a particularidade de alguns membros da família procurarem distribuir a tensão entre si designando um terceiro como fonte de seus problemas e dando origem à *triangulação* (cada uma das partes em oposição elege um terceiro como aliado, de modo que este se vê na contingência de cooperar ora com uma das partes, ora com a outra).

Poder. Os problemas estruturais relacionadas com *poder* são definidos em termos de quem tem poder em relação a quem e sobre o quê. Nas relações de poder entram em jogo a atividade ou passividade, a concordância ou discordância adaptadas a quem tenta exercer sua influência na área em que o funcionamento está envolvido. Por exemplo, a mãe pode ser capaz de impedir o filho de brincar com seus amigos, mas não consegue impedi-lo de ver televisão até tarde.

O problema estrutural básico na relação de poder é a *falta de poder funcional no sistema.* Duas situações comuns nesse tipo de problema são o funcionamento executivo fraco e a inibição do desenvolvimento potencial. No *funcionamento executivo fraco,* os pais não têm a autoridade suficiente para dirigir seus filhos. Na *inibição do desenvolvimento potencial,* o indivíduo não consegue ter atitudes próprias de sua idade (em virtude da organização familiar ser deficiente).

Os problemas clínicos relacionam-se com esses três princípios. Há, ainda, um outro problema estrutural que as perpassa. É a suborganização, mais comum nas famílias pobres. A *sub-organização* é um termo aplicado às famílias cujo repertório de formas de organização é muito limitado. São famílias rígidas e inconsistentes no emprego de suas estruturas.

4.3. A Formação do Sintoma

Weakland, Fisch, Watzlawick e Bodin (1974) expressaram o conceito de que a formação do problema deriva do exagero ou da negação dos problemas cotidianos transformados em Problema com "P" maiúsculo. A principal causa da formação do problema decorre de os participantes continuarem tentando uma determinada solução a despeito da evidência de que esta não funciona. Essa conduta de mais da mesma coisa transforma a solução no próprio problema, pois cria um emaranhado sobre o que a princípio era uma simples dificuldade. Essa imperícia em lidar com a dificuldade apresenta-se de três maneiras:

1. A ação é necessária, mas não é efetivada. Há negação da dificuldade.
2. Ações são efetivadas quando não deviam. Há negação ou exagero da dificuldade.
3. A ação é efetivada em nível errado.

Sem entrar no mérito da diátese (teoria da hereditariedade), o fato é que os indivíduos apresentam graus diferentes de predisposição ao *stress*, tanto qualitativa quanto quantitativamente. Embora todos os membros da família sejam afetados pela sintomatologia de qualquer um dos membros, de acordo com a teoria geral de sistemas cada um é afetado em graus diferentes e em diferentes direções. Um membro da família pode ser identificado como paciente por um desses motivos:

a. utilidade — a criança é o único elo de um casamento fracassado,
b. semelhança — resultado de sanção de *script* ou profecia autorealizadora,
c. bode expiatório — a família responsabiliza um de seus membros pela confusão ou mau funcionamento do sistema familiar em sua totalidade.

A terapia familiar estrutural vê os sintomas ou os problemas como resultado de um problema na estrutura familiar. Os subsistemas são inadequadamente desarticulados ou vinculados enquanto as hierarquias no interior dos subsistemas ou entre eles são difusas. Segundo James e Mackinnon, os sintomas são sistemas mantidos mais do que sistemas mantenedores, ou seja, sua função (aparente) não é relevante.

Na terapia familiar estrutural o terapeuta concentra-se na definição do problema a ser resolvido e, tendo em mente que este provém das estruturas de sua base sistêmica, provoca mudanças nessas estruturas.

O impacto da terapia pode ser maximizado pelo seu comportamento que reforça continuamente as metas estruturais. Cada operação em torno da qual o terapeuta e as pessoas em tratamento se envolvem constitui uma nova oportunidade de afetar as estruturas geradoras de problemas ou outros padrões estruturais relacionados com as estruturas visadas.

Sintoma é o ato de comunicação com mensagens qualitativas que desempenham o papel de um contrato entre dois ou mais membros da família e tem uma função no interior da rede interpessoal. Quando uma pessoa está "em uma situação insustentável e tenta sair dela" (Haley, 1973), não encontrando o meio apropriado, desenvolve um sintoma. A família é um sistema interpessoal de tipo não-linear com complexos mecanismos de *feedback* e padrões de comportamento que se repetem em seqüência. Por exemplo, pai, mãe e filho estão viajando de carro. A esposa manifesta pressa em chegar. O marido acelera em um sinal amarelo. A esposa o critica. Ele acelera ainda mais. Ela protesta mais alto. Ele grita com ela. A criança começa a chorar. A esposa se ocupa da criança e ele desacelera. O comportamento da criança tornou-se um elemento em um processo de *feedback*. Há toda probabilidade de que esse padrão tenha ocorrido no passado e que reapareça no futuro. Provavelmente o garoto seja encaminhado à terapia porque 'chora demais'. Ele tornou-se, então, o paciente identificado da família.

4.4. A Função do Diagnóstico

Os membros do MRI fazem uma distinção entre o diagnóstico dos sistemas familiares conduzido no contexto da pesquisa e o da terapia. Enquanto na pesquisa o interesse se volta para os aspectos funcionais ou disfuncionais do sistema familiar, na terapia familiar é importante conhecer o funcionamento da família 'normal' para obter esclarecimento sobre a resistência como encobridora de disfunções específicas. Portanto, o diagnóstico do funcionamento da família é separado do tratamento somente quando o objetivo é a pesquisa.

O objetivo é conduzir o diagnóstico até o ponto de equilíbrio entre o indivíduo e os fatores interacionais. O diagnóstico em terapia estratégica é feito por meio de uma intervenção e observação da resposta. Por exemplo, o terapeuta pode solicitar que pai e filho discutam um assunto qualquer para saber até que ponto eles se sentem à vontade na presença da mãe. Assim, cada ato terapêutico vale como diagnóstico e cada diagnóstico é uma intervenção terapêutica em potencial, pois a meta fundamental é mudar a seqüência disfuncional de comportamentos da família. A entrevista diagnóstica se dá em várias etapas. O primeiro passo consiste em estabelecer um contato 'social' em que o terapeuta questiona sobre o problema tal qual ele é definido pela família, mesmo que o foco recaia sobre o paciente identificado, pois a ênfase no problema apresentado aumenta a motivação da família para mudar e, ao mesmo tempo, permite o controle da situação. Outro motivo para essa conduta é manter a família em tratamento. Os primeiros terapeutas tinham como preceito 'distribuir o problema', isto é, assumir que todos os filhos tinham problema (e não apenas o PI). Essa conduta piorava a situação dos pais que se sentiam acusados de prejudicar cada um de seus filhos, abandonando a terapia.

Na terapia estrutural o diagnóstico e a atividade terapêutica constituem facetas de um mesmo ato: a intervenção terapêutica. Tendo em mente que o problema é sustentado pela estrutura familiar e pelo seu ecossistema, compete ao terapeuta compreendê-la, examiná-la e experimentá-la em ação na sessão, investigando o que ela pode e o que não pode produzir. A maneira de levar a cabo essas metas é intervir diretamente nas transações da família com vistas a provocar mudanças nos padrões estruturais de suas seqüências. Trata-se, portanto, de identificar o problema, determinar o seu *locus* no ecossistema e definir as estruturas do sistema que sustentam o problema.

Identificar o problema significa localizar onde a estrutura do sistema falha em realizar sua função, bem como verificar sua relação com outros problemas. Para os propósitos terapêuticos, o problema não é a insegurança de uma mulher, mas o fato de ela evitar pessoas. Um problema é, ao mesmo tempo, *autônomo*, ou seja, permanece livre de outros problemas e *dependente*, isto é, mantém com outro problema uma relação de reforço mútuo, embora tenham bases estruturais diferentes, ou quando deriva de outro, sendo que também neste caso ambos se influenciam mutuamente.

Determinar o *locus* implica em saber para quem o problema é uma preocupação no presente. Não se busca identificar sua origem. A terapia familiar estrutural distingue um *locus* primário, um *locus* secundário e um *locus* terciário. O *Locus* primário é originado nos sistemas cuja relação gera um problema que envolve a todos ou somente alguns dos subsistemas. *Locus* secundário é o envolvimento ativo do problema. Refere-se à estrutura de sistemas que dá origem e mantém o problema, porém não é essencial para o problema. *Locus* terciário é o envolvimento passivo do problema. Tomemos como exemplo uma família composta de pai, mãe e filho, em que o pai e a mãe mantêm um conflito crônico. Se o filho costumeiramente se alia à mãe contra o pai, ele faz parte do *locus* primário. Se ele sempre toma parte nas discussões, contribuindo para elevar o nível do conflito, porém de maneira incidental, ele estará no *locus* secundário (envolvimento ativo). Se ele ficar à margem das discussões fará parte do *locus* terciário (envolvimento passivo).

Definir as estruturas implica na investigação das conexões das estruturas relacionais entre os membros da família em termos de fronteiras, alinhamento e poder e distingue entre estruturas dominantes e estruturas subordinadas. As estruturas serão consideradas em termos de riqueza/pobreza, flexibilidade/rigidez, coerência/incoerência, entendendo-se por riqueza as variedades de estruturas que o sistema leva em conta para realizar suas funções, por flexibilidade a habilidade do sistema em alterar sua organização para conseguir seus objetivos e criar novas estruturas e por coerência a consistência e a continuidade relativas da identidade e relacionamento do sistema com seu ecossistema já que sua estrutura envolve a mudança de circunstâncias e a passagem do tempo, modificando-se por meio deles.

As ações do terapeuta são orientadas pela construção de hipóteses sobre o problema e suas soluções. Aponte (1979) descreve as várias etapas de uma sessão:

1. Problema.
2. Coleta de dados.
3. Hipótese.
4. Metas.
5. Intervenção:
   a. para promover mudança,
   b. para controlar as variáveis na transação.
6. *Feedback*. O processo de identificar o problema, levantar dados, formular hipóteses, estabelecer metas e intervenções é ine-

rente às ações como um todo e a cada ação em particular na terapia familiar estrutural durante o tratamento.

O terapeuta estrutural baseia seu diagnóstico da família na maneira como os membros da família respondem às perguntas, estabelecem regras e nas informações obtidas a respeito do problema apresentado. Por exemplo, se o filho mais velho tenta responder a todas as perguntas do terapeuta, este pode começar a formular um mapa estrutural no qual esta criança aparece ocupando uma posição elevada na hierarquia. Isso mais tarde será verificado pela observação da reação da criança quando o terapeuta contesta as regras não permitindo que a criança responda.

4.5. Como Ocorre a Mudança

A abordagem estratégica leva em consideração a teoria da mudança, cujas principais características levantadas por Stanton (1981) são as seguintes:

a. A mudança terapêutica se dá por intermédio do processo interacional quando o terapeuta intervém ativamente e diretivamente.
b. O terapeuta trabalha para incrementar novos padrões de comportamento desestruturando o sistema familiar vicioso.
c. O tratamento não será considerado bem-sucedido se não houver mudança benéfica no problema apresentado.

O Grupo MRI contribuiu com o conceito de níveis e natureza da mudança. Ele identifica dois tipos de mudança.

1. Mudança de primeira ordem — o PI muda, mas o sistema não se altera. Ex.: O filho melhora na escola, mas uma filha começa a apresentar problemas escolares (em seu lugar). O sistema familiar não mudou (mudança isomórfica).
2. Mudança de segunda ordem — a mudança de um comportamento altera todo o sistema.

Para (Haley, 1976) é mais eficaz obter mudança iniciando-se o trabalho com o sintoma expresso pela família e estabelecendo-se metas intermediárias, cuidando-se de "uma coisa de cada vez", ou seja, mantendo-se o foco no PI. Problemas de outros membros podem ser objeto de um segundo contrato, após terminar a terapia do primeiro.

Para a terapia familiar estrutural, as mudanças na estrutura produzem mudanças no funcionamento. Esta concepção básica repousa sobre a premissa de que todo funcionamento é produto da estrutura do sistema no qual se origina, portanto, a expectativa é de que o terapeuta intervenha nas transações que se apresentam como manifestações da estrutura geradora de problema, de tal maneira que o sistema internalize as mudanças estruturais e, em conseqüência, passe a funcionar diferentemente. A operação deve trazer consigo investimento suficiente por parte das pessoas do sistema ou tornar-se tão investida por meio da aplicação técnica que uma alteração na estrutura das transações na operação reverbere profundamente nas estruturas geradoras de problema.

4.6. Como é Pensado o Papel do Terapeuta

Para a terapia familiar sistêmica, qualquer que seja sua abordagem, compete ao terapeuta controlar a sessão, de maneira suave e discreta. A terapia se desenvolve em fases com procedimentos específicos. Na fase inicial o terapeuta introduz o formato da terapia, coleta informações que definam o problema, aventa hipóteses sobre quais comportamentos o sustentam, toma conhecimento acerca dos desejos dos participantes e estabelece as metas do tratamento. Na fase intermediária, basicamente, concebe e conduz intervenções comportamentais específicas, especialmente aquelas destinadas a produzir mudança de segunda ordem (i.e., a mudança de um comportamento altera todo o sistema). Na fase final, o terapeuta lembra aos pacientes que o objetivo do tratamento era a mudança de comportamento que, espera-se, continue sendo ampliada. Para pacientes mais negativistas expressa pessimismo quanto a qualquer progresso futuro e ceticismo quanto à permanência do progresso já alcançado.

Os terapeutas estratégicos são pragmáticos. Sua abordagem é dirigida para provocar mudanças de comportamento, isto é, alterar as seqüências repetitivas apresentadas, através de uma intervenção e não provocando *insight* ou tomada de consciência, pois estes, por um lado, não são necessários para que as mudanças ocorram e, por outro, incrementam a resistência. Para alterar as seqüências repetitivas apresentadas pela família no presente é necessário uma intervenção. Tornar a família consciente disso resulta no incremento de sua resistência.

Para obter a alteração das seqüências repetitivas que sustentam o sintoma utilizam-se a **tarefa** e a **diretividade**, porém tomando o cuidado de evitar o confronto, tratando o problema como a família o define para evitar a resistência. O Grupo de Milão minimiza a resistência pedindo a um membro da família que descreva a interação de outros dois. Desse modo estes não têm que defender suas ações. Quando há desacordo sobre o que um problema é, a tendência é enfatizar o ponto de vista de um parente.

A abordagem estratégica preconiza o envolvimento de todo o sistema afim (avós, escola, colegas de trabalho, etc.) de interesse para o tratamento, e não apenas da família imediata. Se julgar oportuno, o terapeuta pode decidir entrevistar indivíduos, pais ou casais, porém, envolvendo no mínimo duas pessoas.

Na entrevista são considerados os processos de união, concorrência e seqüência. Com os envolvidos no problema reunidos em uma sala, cria-se a oportunidade para que todos se unam no trabalho de seus relacionamentos com mútua consciência, consentimento e esforço. A primeira sessão começa com um processo de união.

A prática da terapia familiar estrutural é caracterizada por uma atenção sobre o processo e pela atuação durante a sessão. A atenção não se volta necessariamente para o problema apontado pela família, mas para a seqüência comportamental. O importante é identificar o subsistema que concorre mais fortemente para a manutenção do problema.

O terapeuta estrutural observa os processos de transação *isomórficos* na estrutura familiar. Uma interação na sessão em que o pai admoesta o filho e é recriminado pela esposa, que o critica por sua severidade, pode constituir um isomorfismo para a estrutura familiar na qual o pai é desligado e a mãe envolvida com a criança. As informações obtidas pelo terapeuta por meio do discurso da família são restringidas ao necessário para recolocar o problema de maneira a facilitar a mudança de comportamento e solução do problema. Superatividade descrita como desobediência, depressão como preguiça, enurese como comportamento infantil são algumas das recolocacões mais freqüentes. Isso cria uma 'realidade funcional' semelhante à 'reestruturação' do problema da abordagem estratégica. Isso tanto muda o ponto de vista da família quanto indica as direções possíveis para a ação.

O objetivo dos terapeutas estruturais é mudar o funcionamento dos subsistemas alterando as fronteiras e as hierarquias no interior da família. A mudança se dá de duas maneiras: primeiro o terapeuta altera a composição dos subsistemas clarificando e refazendo as fronteiras. Em seguida, altera a hierarquia nos subsistemas mudando a posição dos membros. Isso alivia o indivíduo de restrições severas ao seu funcionamento. As mudanças ocorridas na sessão podem ser reforçadas por tarefas no intervalo entre as sessões.

O terapeuta estrutural deve ser capaz de manter um delicado equilíbrio nos movimentos de unir-se e afastar-se da família enquanto desafia e muda seu modo de interação: ter a habilidade de criar intensidade, promover conflito, tomar o partido de uma pessoa contra outra e usar sua posição privilegiada para influenciar outras pessoas em direção a mudanças e manter uma certa distância para evitar ser envolvido nas regras disfuncionais da família.

Deve, ainda, ser capaz de dirigir a família para certas tarefas, ser atuante dentro e fora das coalizões, observar o processo das interações espontâneas ocorridas na sessão e direcionar a família para interações mais 'funcionais', produzindo mudanças na família através da aliança, da avaliação da organização estrutural do sistema familiar e do tratamento das disfunções.

Ao estabelecer aliança com os membros da família no começo de cada sessão o terapeuta tem o objetivo de estabelecer uma relação eficiente na família no menor espaço de tempo possível. Pode aliar-se com cada uma das pessoas ou manter uma atitude fechada, conversando mais tempo com um membro que pareça estar *diminuído* na sessão. Para empregar esta habilidade com eficiência, o terapeuta deve contar com suas qualidades pessoais, tais como honra, empatia e espontaneidade.

Durante o processo o terapeuta usa a linguagem da família e fica atento às oportunidades de criar uma 'realidade funcional', uma nova maneira de ver o problema que permita a emergência de novas soluções. O sucesso em conseguir uma realidade funcional é crucial, pois sem uma mudança na maneira como os membros da família vêem o problema eles continuarão a acreditar que este é imutável.

Ao apresentar uma maneira diferente de compreender o problema o terapeuta facilita aos membros da família manejarem com eficiência os problemas apresentados ou um problema afim surgido na sessão. Por exemplo, se o problema apresentado é o molhar a cama por uma criança de 8 anos, a constelação de comportamentos 'infantis' pode incluir chupar o dedo. Para mobilizar a mudança o terapeuta terá mais facilidade em focar o chupar o dedo quando ele ocorre na sessão do que sobre o molhar a cama. Primeiro o terapeuta reafirma a responsabilidade usual da família sobre o comportamento. Depois intervém, introduzindo uma nova realidade e dirigindo os membros da família a responder de uma maneira diferente. Por exemplo, o comportamento de uma criança pode ser recolocado como 'desrespeitoso', e o terapeuta pode solicitar ao pai (ou à mãe) desligado que lide com a criança durante a sessão. Os atos iniciais são desajeitados, mas melhoram à medida que o terapeuta aumenta a intensidade da interação pai/criança, mantendo o foco sobre o comportamento 'desrespeitoso' da criança e apoiando a demanda por respeito que o pai manifesta.

O terapeuta não permite que outros subsistemas intervenham. Isso se chama 'estabelecer fronteiras'.

Para alterar a hierarquia de um subsistema, o terapeuta o desequilibra, aliando-se com uma pessoa e desafiando as regras que dão sustentação à ordem hierárquica.

Consideremos, por exemplo, um casal assimétrico sendo que o marido detém a supremacia.

— Ambos acreditam que ela seja incompetente e necessite da proteção do marido.

— O terapeuta alia-se a ela conversando sobre algo em que ela é competente.

— Esta aliança leva a esposa a colocar-se perante o marido de uma maneira mais igualitária.

— Isso coloca em cheque as regras de suas relações.

Tendo como guia as metas estruturais, o terapeuta encadeia as sessões de modo que haja uma continuidade do trabalho. A realidade funcional criada pela recolocação do comportamento é mantida em cada sessão. Tarefas diretivas podem ser usadas para manter as mudanças ocorridas na sessão.

Se, por exemplo, uma sessão se desenvolveu em torno do envolvimento de um pai desligado do filho, pode-se incumbi-lo de tomar todas as decisões relativas ao comportamento da criança durante a semana seguinte.

Ao aproximar-se mais do filho, a comunicação entre eles certamente melhora.

A terapia é considerada concluída quando as metas forem alcançadas.

5. *Quadro Comparativo*

Transcrevemos a seguir um quadro comparativo entre os procedimentos da abordagem estratégica (Palo Alto) e a abordagem estrutural elaborado por Casabianca e Hirsch (1979) p.27.

Quadro Comparativo

	Palo Alto	Estrutural
Foco de análise	Processo de interação	Como se organizam: interdependência e hierarquia
Objeto de mudança	Seqüências que mantêm o problema	Estrutura
Foco de intervenção	Seguimento mais motivado para a mudança	Subsistemas
Local da mudança	Fora da sessão	Na sessão
Intervenções	Redefinições Diretivas Prescrições (diretas ou paradoxais)	Redefinições Ações Desequilíbrio Diretivas ou prescrições (diretas)
Tipo de comunicação	Verbal	Não-verbal (espaço e movimento)
Distribuição das sessões	Dez no máximo (Geralmente uma por semana ou ou quinzena)	Quantidade não especificada; espaçadas entre si (três ou mais semanas)

Foco de análise. Diz respeito ao objetivo de cada um dos modelos. Ao Grupo de Palo Alto interessam os processos, as seqüências repetitivas de condutas que contem a disfunção. Busca localizar o comportamento que desencadeia a conduta-problema e quem a manifesta, bem como os comportamentos de quem a acompanha na tentativa de solucioná-la. Trata-se de identificar o ciclo perpetuante.

Ao modelo estrutural interessa saber como esses processos se organizam em relação à interdependência e à hierarquia: quem faz o que com quem e quem decide o que no sistema. O terapeuta procura conhecer as regras do sistema para construir o mapa estrutural.

Objetivo da mudança. Diz respeito ao funcionamento do sistema que se quer modificar. Relaciona-se com a hipótese formulada pelo terapeuta sobre qual é o 'verdadeiro' problema.

O modelo de Palo Alto busca solucionar o problema modificando a seqüência de condutas que se reforçam mutuamente, com a compreensão de que uma interação específica deve ser mudada, não porque haja alguma maneira de determinar que seja disfuncional em si mesma, mas porque mantém o problema.

Para o modelo estrutural o que importa é modificar a organização do sistema, o que implica modificar a relação dos diversos subsistemas, as regras que regem a interdependência e a hierarquia.

Foco de intervenção. A quais membros do sistema o terapeuta dirigirá suas intervenções.

O Grupo de Palo Alto dirige-se aos membros que pareçam estar mais motivados para resolver o problema, baseando-se no pressuposto de que a mudança em um dos membros provocará mudanças nos demais com relação ao problema.

O modelo estrutural procura mudar aspectos da organização do sistema com cada um dos subsistemas.

Local da mudança. Refere-se à expectativa do terapeuta do lugar em que as mudanças ocorram. A abordagem estrutural preconiza mudanças na própria sessão pressupondo que essas mudanças serão transferidas para o cotidiano da família.

Intervenções. São as condutas do terapeuta planejadas especificamente para a obtenção da mudança. Embora muitas intervenções sejam comuns aos vários modelos, há algumas que são enfatizadas ou adequadas aos objetivos de cada modelo. Assim as redefinições, para o Grupo de Palo Alto, são recursos que possibilitam extinguir condutas inoperantes com relação ao problema e, se for o caso, estimulam-se novas condutas por meio das prescrições diretivas ou paradoxais, enquanto a abordagem estrutural intensifica as redefinições através da vivência e experiência de diferentes condutas manifestas incluídas pelo terapeuta, tais como o desequilíbrio e sugestões ou prescrições de novas pautas organizacionais.

Tipo de comunicação. Os terapeutas de Palo Alto privilegiam a comunicação verbal, tanto no sentido de centrar sua atenção quase exclusivamente no discurso da família, quanto no cuidado sobre o que e como dizer, ao fazer uma intervenção enquanto os estruturais observam a maneira como a família se compõe e como se movimenta (espacial e corporalmente) e utilizam suas próprias atitudes nas intervenções.

Distribuição das sessões. Baseado na premissa do 'mínimo esforço para um máximo de mudança' em que o máximo significa o mínimo indispensável para pôr em ação uma seqüência benéfica de novas interações, o modelo de Palo Alto realiza no máximo dez sessões, distribuídas semanalmente ou quinzenalmente, dependendo do tipo de prescrição que o terapeuta deseja usar e da flexibilidade dos pacientes. O conceito de Terapia Familiar Breve prende-se mais a este modelo. A abordagem estrutural não especifica limite no número de sessões. Este depende da capacidade do terapeuta e da família em obter progresso na interação mútua concreta. As mudanças no problema devem aparecer no contexto terapêutico e ser reconfirmadas nos contextos habituais da família.

Capítulo II

Procedimentos Técnicos

Nesta seção apresentamos as bases teóricas que nortearam a preparação dos estagiários para o atendimento às famílias, pois a preparação do terapeuta pressupõe conhecimento teórico, prática e o domínio de técnicas. O aprendizado se dá pela prática sob a supervisão de um terapeuta experiente.

Com relação à teoria e à prática diz Haley (1976), em *Psicoterapia Familiar,* p.169: "*O tipo de terapia enfatizado neste livro não pode ser aprendido apenas lendo-se sobre ela, ou ouvindo-se conferências, ou ainda, discutindo-se a seu respeito. Ela não pode nem mesmo ser aprendida observando-se outras pessoas fazê-la, ainda que a observação seja valiosa em certos momentos de treinamento. A terapia é encontro pessoal, e o terapeuta somente pode aprender a fazê-la, fazendo-a. Todas as outras atividades de treinamento são periféricas, se não irrelevantes. Idealmente, ele aprende a fazer terapia fazendo-a enquanto é ao mesmo tempo orientado, por um supervisor, no momento em que a terapia está tendo lugar*".

Portanto, os terapeutas devem ser estimulados a adquirir conhecimentos teóricos e técnicos, ficando claro que o mero conhecimento das técnicas não faz de ninguém um bom terapeuta; é necessário que ele desenvolva certas habilidades. A teoria versa sobre as estruturas dos sistemas sociais e as formas pelas quais essas estruturas operam no indivíduo, na família e no seu contexto social, tanto do ponto de vista ecológico como do desenvolvimento. As habilidades que um terapeuta deve possuir consistem em ver a estrutura do todo na estrutura da transação corrente e agir nela de modo a afetá-la, bem como ao sistema que ela representa.

Ao cumprir estas exigências o terapeuta participa de um processo de treinamento voltado mais para a experimentação e relacionado com tarefas e circunstâncias nas quais atua. Nesse sentido o treinamento e a terapia caminham lado a lado.

1. Técnicas

Para Minuchin e Fishman (1990, *Técnicas de Terapia Familiar,* p. 11): "*A palavra* técnica *implica uma certa habilidade artesanal: atenção ao detalhe, atendimento à função e investimento em resultados.(...) Mas a expressão* técnicas de terapia familiar *suscita problemas. Traz imagens de pessoas manipulando outras pessoas. Pairam no ar aspectos de lavagem cerebral ou controle no interesse de poder pessoal. A preocupação moral está absolutamente justificada. Além disso, a técnica por si só não assegura eficácia, se o terapeuta permanece apegado à técnica, limitando-se a ser um artesão, seu contato com os pacientes será objetivo, desprendido e limpo, mas também superficial, manipulativo em benefício do poder e por último não muito efetivo*" [grifo nosso].

Quanto ao seu uso não são estabelecidos limites nem restrições: podem ser empregadas somente algumas ou muitas delas. Mais importante que a quantidade ou a procedência é o objetivo do uso de determinada técnica, ou seja, ela deve visar ao desenvolvimento do processo transacional.

O Grupo do MRI propõe que o terapeuta seja ativo ou diretivo, usando grande variedade de técnicas, desde a mais branda sugestão, tal como parecer manter o paciente na mesma pedindo-lhe para não mudar por enquanto, para que ele continue na terapia e aceite as tarefas propostas pelo terapeuta, até a explicitação, ou seja, explicitar em vez de ocultar, por exemplo, chamando a atenção para características que o paciente teme que os outros notem, por exemplo, uma leve claudicação.

Prescrição do sintoma. Esta técnica é aplicada como preparação para a intervenção paradoxal objetivando uma mudança futura. O terapeuta pede ao paciente que mantenha o sintoma por mais algum tempo até que se encontre um meio de demovê-lo. Por exemplo, pede a uma mulher que se queixa de dificuldades com o orgasmo, que na semana seguinte não tenha orgasmo de maneira alguma, mas que estude e note mentalmente o que acontece e que, se acontecer de ela ter algum orgasmo nessa semana não o conte, absolutamente, ao seu marido. Espera-se que, aliviando-a da ansiedade perante o marido, o sintoma desapareça.

Aproveitamento das profecias auto-realizadoras. Levar uma pessoa a compreender que a outra faz aquilo que se espera dela. Por exemplo, se é esperado que um adolescente sempre deixe as luzes acesas, ele o fará. Então aconselha-se ao pai que anote a freqüência com que as luzes são deixadas acesas. Espera-se que o pai constate que não é tanto assim. Conseqüentemente os 'esquecimentos' de luz acesa irão diminuir ou se extinguir.

Recolocação. Recolocar o comportamento incompreensível. A um jovem esquizofrênico cujos pais se desesperam com seu comportamento desajustado pode-se dizer que ele, em vez de 'louco' deve ser cumprimentado pela esperteza, pois com seu comportamento desajustado tenta atrair sobre si a atenção, desviando-a de seus pais, por julgar que eles estão em perigo de serem molestados pelos argumentos (do terapeuta).

Sabotagem benevolente. Aconselhar aos pais que tranquem as portas e mantenham as luzes apagadas para sua filha adolescente que chega em casa fora de hora e que demorem um bom tempo antes de abrir, desculpando-se pelo 'descuido', mas deixando evidente que isso pode ocorrer novamente.

Intervenção paradoxal. Parece absurda porque exibe uma natureza aparentemente contraditória, tal como "solicitar aos clientes que façam aquilo que eles, de fato, já vêm fazendo, em vez de solicitar-lhes que mudem, que é o que qualquer um esperava" (Hare-mustin, 1976, citado por Stanton, 1981). Ela é, às vezes, chamada de 'prescrição do sintoma'. Como é difícil vencer a resistência, ao prescrever o sintoma o terapeuta assume o controle sobre ele (sintoma). Se os pacientes resistem à prescrição do sintoma, estarão, afinal, fazendo a coisa certa. Solicita-se aos clientes que 'assumam o controle' do sintoma: "Se você puder acionar o sintoma voluntariamente, você será capaz de controlá-lo". Se o cliente muda muito depressa ou se o terapeuta tem outros motivos, ele recomenda uma 'recaída'. Pede ao paciente que se torne tão 'doente' como era no início. Isso fará emergir algo daquela época que o cliente desejava conservar.

Haley em 1976 citado por Bodin (1981) aponta oito passos para que a intervenção paradoxal possa ser desenvolvida:

1. Uma relação paciente-terapeuta definida como persuasão à mudança.
2. Um problema claramente definido.
3. Metas claramente definidas.
4. O terapeuta oferece um plano, geralmente racional.
5. O terapeuta afavelmente desqualifica a autoridade corrente (do marido ou da esposa; do pai ou da mãe).
6. Uma diretiva paradoxal é dada.
7. A resposta é observada e o terapeuta continua encorajando o comportamento (usual) — nenhum 'progresso rebelde' é permitido.
8. Encorajamento ao sintoma de tal modo que ele se torne tão incômodo que o paciente desista dele.

Interpretação positiva. O terapeuta deve evitar o uso de termos que impliquem acusação, crítica ou apontem para aspectos negativos. Em vez de interpretar um comportamento hostil, manifestará a intenção de fazer o melhor possível pelo PI. A família terá, então, um redirecionamento de seus esforços, verá que estão 'todos no mesmo barco'.

Atribuir uma intenção nobre. Consiste em atribuir a um comportamento destrutivo uma motivação nobre por compreender que os sintomas são comportamentos adaptativos. Tudo o que uma pessoa faz é sempre por uma boa razão.

Conotação positiva. Esta técnica tem o mérito de permitir o acesso ao sistema familiar. Por exemplo, manifestar apreciação por um descendente que assume o papel de avô para manter o equilíbrio entre sexos numa família dominada por mulheres. A total aceitação do sistema familiar capacita o terapeuta a ser aceito no jogo familiar, uma etapa necessária para mudar o jogo por meio do paradoxo.

O terapeuta deve se precaver contra os descuidos e erros seguintes:

1. Ser indeciso na diretividade.
2. Ser demasiado mecanicista, negligenciando os aspectos afetivos emergentes.
3. Deixar-se envolver pelo conteúdo verbal.
4. Não perceber as influências que atuam sobre a família fora do *setting* terapêutico.
5. Prescrever o sintoma sem relacioná-lo com o sistema.
6. Fazer uma prescrição paradoxal sem convicção ou rindo ou sorrindo. A família poderá achar o terapeuta insincero ou sarcástico.

7. Voltar atrás após ter feito uma prescrição.
8. Aplicar as estratégias paradoxais em situação de crise ou extrema instabilidade (descompensação aguda, reação de sofrimento agudo, violência, tentativa de suicídio, perda de emprego, gravidez indesejada).
9. Ver a estratégia paradoxal como uma espécie de mágica e abusar de seu uso.
10. Usar a estratégia paradoxal para exercer poder sobre a família em vez de ter como meta o crescimento desta.

As técnicas da terapia estratégica são compatíveis com o modelo estrutural. Essas técnicas são úteis para reorganizar as transações entre o terapeuta e a pessoa em tratamento ou os membros da família.

Algumas técnicas estruturais se relacionam com a *criação da transação*, outras com a *aliança com as transações* e ainda outras, com a *reestruturação das transações.*

Para **criar transações** o terapeuta recorre à estruturalização, à indução à aliança e ao estabelecimento de tarefas para a família.

a. **Estruturalização** é a organização sistemática do terapeuta de sua participação nas seqüências de uma transação com a família para influenciar os padrões de sua interação.
b. **Indução à aliança** é o processo através do qual o terapeuta leva os membros da família a desempenhar, na sessão, seus padrões habituais de relacionamento.
c. **Estabelecimento de tarefas para família** é a designação aos membros da família de realizarem entre eles mesmos operações dentro de parâmetros transacionais prescritos. Estruturalização, ligamento e determinação de tarefas para a família são maneiras de criar uma transação entre os membros da família com ou sem a participação do terapeuta. Essas intervenções podem servir como técnicas de aliança para o terapeuta familiar com a família, e como técnicas de reestruturação para concluir a reorganização estrutural pretendida.

Aliança com a transação é relevante em todos os aspectos do trabalho terapêutico, sem que este assuma um papel facilitador ou centralizador, e sem que ele esteja trabalhando de dentro ou de fora da transação da família. *Aliança* refere-se a relacionar pessoalmente para propósitos profissionais. Analisando este aspecto da relação profissional, estamos dissecando uma interação humana tão particularmente que pode tornar-se mecânica ou manipuladora. Com efeito, na terapia familiar estrutural a oportunidade para agir artificialmente existe por causa da demanda constante de responder positivamente à família para influir nas reações de seus membros.

Isso levanta um problema ético sobre se do terapeuta é esperado que 'realmente' cuide quando diz 'Estou agindo' e se o terapeuta precisa 'realmente' estar zangado quando diz 'Isso me ofende'. Do ponto de vista técnico o problema com a ação ou resposta artificiais é que aquilo que o terapeuta está oferecendo de seu pode não ser profundo o suficiente para liberar completamente suas energias e convicções de modo a comunicar efetivamente a mensagem pretendida.

A maneira como o terapeuta se associa com a família profissional e pessoalmente é uma relação humana complexa. Nossa posição é que o terapeuta deve oferecer à família genuíno interesse pessoal, atenção e responsabilidade.

Todavia há habilidades técnicas identificadas por Minuchin (1974) que podem ser evocadas nos esforços do terapeuta para juntar-se à família: rastreamento, acomodação e mimesis.

Rastreamento. Técnica em que o terapeuta adota símbolos da vida familiar através dos quais se comunica com a família e em torno dos quais constrói relacionamentos. A linguagem, temas da vida, história, valores da família, tudo vem representar aspectos da identidade familiar. A estrutura relacional familiar é embalada com símbolos do que a família é. Em outras palavras, para a família cada símbolo é carregado com associações sobre o que a família é e como funciona. Esses símbolos são usualmente encontrados no conteúdo das comunicações da família. Apreendendo esses símbolos e usando-os para comunicar-se com a família, o terapeuta associa-se com ela usando o instrumento de comunicação dos membros da família e influencia seus padrões transacionais através deles.

Acomodação. O terapeuta associa-se com a família em congruência com os padrões transacionais dela. Respeita as regras que governam seus relacionamentos e o demonstra através de uma aceitação geral dos canais de comunicação desta, tentando, por esse meio, entrar na rede familiar e fortificar a base da qual impulsiona as mudanças.

Mimesis. O terapeuta associa-se à família como se fosse um membro dela nos modos ou conteúdo de sua comunicação. O terapeuta se parece com a família ou com um dos seus membros adotando sua maneira de falar, expressão corporal, ou outros modos comportamentais, modos de comunicação, relatando experiências pessoais, particularidades ou interesses semelhantes aos da família. Seu esforço posterior se torna uma forma de revelar-se cujo objetivo é ajudar a família a identificar-se consigo mesma. Como o rastreamento e a acomodação este tipo de associação se constitui numa base comum com a família da qual o terapeuta pode intervir.

Reestruturação. A terceira categoria de técnicas prevê que existam primariamente mudanças de estrutura de transações da família ou outros problemas, derivados do conflito sistêmico e da insuficiência estrutural.

Conflito sistêmico refere-se aos problemas que surgem nas necessidades de competição dos componentes de um sistema ou ecossistemas. Esses problemas são produtos de contrademandas de funções do indivíduo e/ou entre pessoas nas quais o conflito não pode ser resolvido com satisfação dos componentes envolvidos sem um compromisso disfuncional por um ou mais deles. Atrás da manifestação do conflito há, por sua própria natureza, uma qualidade que direciona para o comportamento sintomático ou problemático uma vez que há necessidades funcionais a serem satisfeitas.

Insuficiência estrutural refere-se aos problemas que resultam de uma falta de reservas estruturais na família ou outro sistema social para encontrar as demandas funcionais do sistema. Com esses problemas, o indivíduo ou entidade social não consegue levar a cabo a função porque não tem recursos ou organização estrutural para fazer o que é necessário. Essa inabilidade de função pode resultar de uma falta de oportunidade em seu desenvolvimento devido a uma ausência da família e suporte social ou de um conflito situacional no ecossistema.

Há técnicas distintas para os conflitos sistêmicos e para as insuficiências estruturais.

Aquelas aplicadas aos conflitos sistêmicos destinam-se a:

a. interromper estruturas e consistem em exagerar o sintoma, interromper os padrões de comportamento ou desenvolver conflitos implícitos e
b. reorganizar estruturas.

As técnicas aplicadas às insuficiências estruturais destinam-se a:

a. construir novas estruturas: são técnicas que ajudam as pessoas a aprender novas maneiras de agir e
b. reforçar estruturas existentes.

Essas técnicas, porém, não são exclusivas de um ou outro tipo de problema, ou seja, às vezes é necessário aplicar, por exemplo, técnicas para interromper estruturas (conflitos sistêmicos) numa família que, basicamente, apresenta insuficiências estruturais. Não só as técnicas, mas também a abordagem deve ser diferente em cada tipo de problema. Nos conflitos o terapeuta utiliza técnicas de confronto, enquanto nas insuficiências a abordagem se reveste mais de um caráter de apoio.

Há três tipos básicos de técnicas: recomposição do sistema, atenção centrada no sintoma e mudança estrutural.

Recomposição do sistema. São técnicas destinadas a promover mudanças estruturais pela introdução dos sistemas em outros sistemas que contribuem para a produção ou manutenção do problema ou proceder exatamente ao contrário, ou seja, afastar os sistemas destes outros sistemas.

Atenção centrada no sintoma. Técnicas que atuam diretamente no sintoma. São técnicas tomadas por empréstimo à terapia estratégica. Foram identificadas por Minuchin (1974) e consistem em exagerar o sintoma, desenfatizá-lo, substituir um sintoma por outro, prescrever um sintoma e reenquadrar o sintoma.

a. **Exagerar o sintoma.** Este é expandido a um ponto tal que já não possa servir aos seus propósitos.
b. **Desenfatizar o sintoma.** Consiste em retirar do comportamento sintomático o investimento de energia que lhe permite ser bem-sucedido em sua função compensatória. A aplicação desta técnica se associa à técnica de mudança para um novo sintoma, porque enfatizar o novo sintoma ajuda a 'esvaziar' o antigo.
c. **Reenquadrar o sintoma.** Significa redefinir os sintomas dando-lhes um novo significado para a família, abrindo, desse modo, novas possibilidades para a família alterar suas condutas estruturais e interagir uns com os outros em novas bases.
d. **Alteração do afeto do sintoma.** Ocorre em conexão com o reenquadramento do sintoma. O significado afetivo do sintoma é alterado.

Modificação estrutural. São técnicas dirigidas para os problemas relativos ao *focus* primário na composição estrutural do ecossistema. Elas se destinam a *desmontar, construir, reforçar e reorganizar* as estruturas. Desmontar um padrão estrutural significa simplesmente destruí-lo. Construir um padrão estrutural implica criar estruturas novas ou reforçar estruturas pouco desenvolvidas.

Reforçar estruturas é manter o que já existe ou ampliar sua extensão. Organizar as relações estruturais significa intervir nos problemas de uma área utilizando dados já conhecidos do sistema, normalmente em outras áreas de funcionamento. Estas técnicas são empregadas para atingir diretamente as estruturas de alinhamento, fronteira e poder.

A terapia familiar estrutural distingue-se tecnicamente de outras terapias por concentrar-se explicitamente em modificar estruturas. Uma das condutas que merecem atenção por sua aplicação constante é a corografia (modo como as pessoas se agrupam) que pode ser empregada tanto com o terapeuta fora como dentro do grupo social. O terapeuta pode ir sentar-se próximo a um membro que se sentou retirado por se sentir rejeitado (alinhamento corográfico com o terapeuta incluído) ou pedir a uma irmã deste para ir sentar-se perto dele (alinhamento corográfico com o terapeuta excluído).

a. **Desmontagem.** Parte necessária de toda modificação estrutural já que introduzir o novo implica alterar ou eliminar o antigo porque as famílias resistem a abandoná-lo, visto ser ele um hábito entranhado que representou, até o presente, uma solução para o problema. Ela se dá através de técnicas que *enfatizam as diferenças* e as que *desenvolvem conflitos implícitos.* As diferenças são enfatizadas pela explicitação das distinções que os membros da família mantiveram ocultos para se manter unidos. O desenvolvimento de conflitos implícitos evidencia as diferenças bem como suprime os motivos da oposição mútua. Por exemplo, se um casal diz concordar plenamente a respeito da disciplina de sua filha delinqüente e o terapeuta se convence de que há discórdia entre eles, agirá de modo que esse conflito se torne explícito, pedindo-lhes que decidam em comum acordo sobre de quem serão os critérios que prevalecerão.

b. **Construção de padrões.** Esta categoria de mudança estrutural tem sua aplicação com famílias que agem sempre da mesma maneira, por não ter aprendido ou por não ser capaz de lidar com situações de conflito. Por exemplo, uma mulher deixada sozinha com seu filho tem dificuldades em controlá-lo porque recorre excessivamente ao castigo físico. Ela pode fazer isso porque aprendeu de sua mãe ou para compensar seu sentimento de fraqueza. Ela precisa aprender outras maneiras de lidar com o problema, qualquer que seja a origem deste. Por isso as técnicas utilizadas incluem muitas das intervenções instrucionais incluindo as da teoria da aprendizagem.

c. **Reforçamento dos padrões.** Aqui o objetivo é fortalecer um padrão para alcançar a mudança em outro. Por exemplo, apoiar uma mãe na atenção que ela dedica ao filho enquanto ela desenvolve uma maneira educacional nova e mais firme.

d. **Reorganização de padrões.** Trata-se de remover obstáculos para que estruturas existentes, porém bloqueadas, sejam liberadas. Tomemos como exemplo um homem que mantenha controle sobre toda a família porque teme perder o respeito dela, porém esse temor não é manifestado externamente. A família fica descontente, mas também dependente dele. É-lhe dada uma tarefa na qual ele não dirija a família ou solicite coisa alguma dela. Isso, a princípio o deixa desesperadamente só e depois o senso de auto-suficiência em relação à família o leva a aproximar-se mais responsavelmente dela.

2. *Supervisão*

Haley tinha muito interesse na questão da formação do terapeuta. Estabeleceu critérios rigorosos e detalhados para a admissão do candidato e para a supervisão em virtude da questão ética envolvida na prática da psicoterapia. Discute, por exemplo, a questão do terapeuta como agente de controle social, de sua conduta perante a pessoa psicótica; se ele vai ou não colocar-se ao lado da instituição em prejuízo do paciente, pois o aprendizado das técnicas pode prestar-se a essa manipulação. (Haley, 1979, *Psicoterapia Familiar*).

Ainda segundo Haley, o objetivo específico do terapeuta familiar é resolver o problema da família. Recomenda que as metas sejam concretamente definidas e exeqüíveis. Portanto, devem-se evitar as metas difusas ou grandiosas.

Suas regras de procedimentos incluem que o terapeuta deve evitar abstrações; evitar estabelecer coalizões; evitar debates sobre a vida; ter em mente *o aqui agora* da situação terapêutica, ou seja, não se envolver com as questões do passado; ao terapeuta jovem aconselha que não pretenda parecer mais experiente; evitar deixar objetivos não formulados; evitar cristalizar a luta pelo poder e evitar tomar posições irreversíveis.

Quanto às orientações para a elaboração de um programa de treinamento:

1. Observar a sessão através de vidro espelhado.
2. Intervir na sessão.
3. Gravar a sessão em vídeo ou fita K7 para posterior discussão.
4. Enfatizar o problema apresentado.
5. Enfatizar o resultado.
6. Discutir com a equipe o desenvolvimento do trabalho terapêutico.

Assim como os terapeutas devem buscar soluções de problemas na realidade social corrente o treinamento se realiza através de meios que são mais próximos da experiência do terapeuta interagindo com a família.

No início do treinamento, o terapeuta aprende sobre o desenvolvimento e a organização familiar ao mesmo tempo em que observa e conduz entrevistas informativas com pacientes e não pacientes. Nessas entrevistas, seja com famílias, seja com indivíduos, são abordados os interesses, atividades e funcionamentos correntes.

No treinamento clínico o terapeuta aprende a ver a estrutura das interações e agir para alterar essas estruturas por meio de: observação de entrevistas-modelo, *role-playing*, supervisão ao vivo e supervisão por videoteipe.

Observação de entrevistas-modelo. Os iniciantes espelham-se em modelos para auto-avaliação e aprendizagem com terapeutas experientes e habilidosos.

Role-playing. É um procedimento em treinamento que não envolve uma família real. Uma de suas variantes é colocar uma família simulada, identificar suas regras, mas não os problemas nem sua dinâmica. A família se põe a agir sem que o terapeuta tenha qualquer conhecimento prévio. As caracterizações e as circunstâncias são criadas espontaneamente entre o terapeuta e a família. Nestas oportunidades o orientador faz observações a respeito das seqüências interacionais ocorridas e detalha suas reações pessoais. Outra vantagem da simulação é permitir ao iniciante compreender como a família funciona, como se distribui e como se relaciona.

Depois que os iniciantes tiverem observado um certo número de modelos e a oportunidade de praticar, começam a receber famílias em entrevistas com supervisão ao vivo.

Supervisão ao vivo. É iniciada mais ou menos no fim do primeiro quarto do treinamento. A família é real e a situação clínica é real. A entrevista é observada pelo supervisor através do espelho.

O iniciante recebe observações sobre si mesmo e sobre a família e é orientado sobre o que fazer no decorrer da sessão. Não se trata de mera especulação. Os *feedbacks* mútuos entre família, terapeuta e supervisor concorrem para o desenvolvimento das habilidades do iniciante. As dificuldades implícitas na supervisão ao vivo são a falta de tempo para pensar e planejar, bem como a falta de liberdade para explorar áreas de interesse do iniciante uma vez que é preciso ater-se às atividades ditadas pelas necessidades da família no momento. A intervenção pessoal do supervisor, quando necessária, tanto pode encabular o iniciante como ser instrutiva, dependendo do respeito demonstrado pelo supervisor ao iniciante e à família. É necessário reservar um tempo após a sessão para discutir as relações entre o terapeuta e a família e entre o terapeuta e o supervisor.

Supervisão através de videoteipe. É a melhor oportunidade que o iniciante tem para analisar e especular sobre sua atuação com o supervisor. Ao ver o teipe o iniciante aprende a observar e formular hipóteses, embora não possa agir porque uma circunstância jamais se repete e não se pode realizar uma intervenção especulativa. A pressuposição é de que o iniciante e o supervisor adquiriram a mesma linguagem teórica e a mesma estrutura experimental no trabalho conjunto de supervisão ao vivo.

Muitos treinamentos são feitos em grupos. É útil ao iniciante observar outro em supervisão ao vivo e discutir com seu supervisor além de observar diferentes famílias, diferentes intervenções dos colegas iniciantes, diferentes supervisões. Além disso o grupo, potencialmente, se constitui em um apoio que reforça certos tipos de aprendizagem e oferece uma grande variedade de canais pelos quais as idéias podem ser discutidas e assimiladas.

Tanto na terapia familiar estrutural como na estratégica o autodesenvolvimento do terapeuta é visto no interior do treinamento. O tratamento pessoal ou experiências que induzem ao crescimento são circunstanciais nos programas de treinamento. Ajudar o iniciante a conhecer-se no contexto clínico e a desenvolver o uso total de seu *self* para a terapia é um procedimento que perpassa todos os segmentos do treinamento da simulação em diante. A experiência de treinamento em grupo também contribui para esse desiderato. Compete ao supervisor planejar sistematicamente o incremento da compreensão e habilidades para cada iniciante.

O objetivo do treinamento é produzir um terapeuta que integre teoria e técnica, de modo a envolver-se adequadamente de maneira livre e disciplinada com as famílias em terapia.

Capítulo III

A Preparação para o Atendimento

Considerando que nosso objetivo foi estabelecer uma base teórico-técnica com vistas à vivência de uma nova abordagem terapêutica em instituições dirigimos nosso enfoque para o desenvolvimento da terapia familiar, de modo a poder, através da supervisão, orientar os estagiários na qualidade de terapeutas familiares e, simultaneamente, observar se, e como, essa abordagem conseguiria equacionar os interesses dos vários segmentos envolvidos no processo: a instituição, a clientela, os estagiários e a supervisão dos diversos núcleos.

Ao elaborarmos os objetivos, notamos a necessidade de verificar a maneira como os alunos assimilariam a teoria da Terapia Familiar Breve e como a colocariam em prática: os sucessos, as dificuldades e a interface terapêutica. Em vista disso, deliberamos centrar nossa atenção no trabalho terapêutico, por considerarmos ser importante a passagem gradativa do aluno do campo teórico para o prático. O acompanhamento do desenvolvimento de cada sessão nos permitiu avaliar o processo de interação de cada equipe terapêutica com a família sob sua responsabilidade: as interfaces, as dificuldades encontradas.

Do ponto de vista metodológico usamos os seguintes procedimentos: descrição sucinta da queixa, apresentação do que acontecia com a família, análise do trabalho realizado com a família e a posição de cada membro da família ao término da terapia.

1. A Instituição

Faremos aqui um exame do quadro geral em que nos situamos e das condições necessárias para o desenvolvimento do trabalho.

Embora o estatuto da Instituição preveja a realização do estágio em outro local, esta criou o Instituto de Psicologia Aplicada, destinado a se tornar clínica-escola, com vantagens tanto para o aluno, que prefere realizar seu estágio no próprio Instituto, quanto para a supervisão dos núcleos, bem como para a clientela que se apresenta à clínica.

A estrutura atual da Área Clínica inclui cinco núcleos: Triagem, Psicodiagnóstico, Psicomotricidade, Atendimento Breve Individual e Grupos, sendo que o Psicodiagnóstico é oferecido a estudantes do 9º e 10º semestres.

Para os propósitos de nosso trabalho interessam mais de perto os núcleos de Triagem e Psicodiagnóstico.

O Núcleo de Triagem é a porta de entrada para a Clínica, tanto para o aluno como para o paciente. Em um primeiro momento o cliente se inscreve na clínica, recebe uma ficha de inscrição numerada e entra para a fila de espera. A chamada se dá por ordem numérica. Quando chega sua vez esse paciente é atendido por um estudante do 9º período que está fazendo seu primeiro atendimento clínico: a triagem.

Todos os alunos atendem nesse núcleo. Seu objetivo é, em no máximo três entrevistas, encaminhar o cliente para o atendimento apropriado.

De posse desse encaminhamento o paciente entra em uma fila de espera, específica para o núcleo que oferece o atendimento de que ele necessita.

O problema que se nos apresentava era a análise das implicações da aplicação da Terapia Familiar Breve em clínicas-escola através do estágio supervisionado. O exame desse problema nos levou a fazer um levantamento daquilo que o momento nos oferecia, ou seja, qual a situação atual dessa clínica-escola em particular, quais as nossas expectativas com relação ao trabalho que pretendíamos desenvolver, quais as possibilidades efetivas oferecidas pelo suporte teórico em que nos baseamos e, finalmente, quais as condições materiais e humanas com que poderíamos contar, no âmbito da instituição.

Trabalhamos com a hipótese de que a Terapia Familiar Breve pode trazer benefícios aos vários segmentos no âmbito da instituição, na medida em que permite um atendimento às pessoas encaminhadas, mais rápida e eficazmente.

Outra possibilidade seria o envolvimento, no processo, de todos os demais núcleos, que passariam a ter uma nova visão sobre o problema apresentado. A Triagem, por exemplo, em vez de encaminhar certos casos para o Psicodiagnóstico, encaminharia, já, para a Terapia Familiar Breve. Da mesma forma o Psico-diagnóstico, ao detectar um problema familiar que estivesse relacionado com o paciente, faria o encaminhamento. Assim também procederiam os demais núcleos: o de Grupos, o de Terapia Breve Individual e até mesmo a Área Educacional. Caso o terapeuta percebesse a necessidade de um tratamento familiar, faria o encaminhamento.

Além da economia no tempo de espera uma outra questão seria resolvida: o atendimento de vários tipos de queixas não atendidos na instituição por falta de instrumento técnico. Na Terapia Familiar Breve, o foco é centrado no problema, a 'função' deste para a família e a maneira como a família lida com ele.

Este seria um procedimento novo na clínica, não só na maneira de ouvir a queixa como também de tratá-la, uma passagem da abordagem linear para uma abordagem sistêmica, em que interação é privilegiada.

Dessa forma, a instituição prestaria, tanto ao seu aluno como à clientela, um serviço mais amplo e mais eficiente. O estudante-estagiário ampliaria suas possibilidades de aprendizagem, conhecendo mais um modelo terapêutico e praticando efetivamente nesse modelo, pois o trabalho em co-terapia possibilita que todos os alunos façam atendimento. A clientela se beneficiaria recebendo um atendimento, efetivo, amplo (todos os envolvidos no problema apresentado), imediato e rápido.

2. *Composição do Sistema Terapêutico*

Compreendemos como sistema terapêutico o conjunto formado pela família, pelos terapeutas e, quando existem, pelos observadores.

Para a consecução de nosso trabalho, algumas providências preliminares se fizeram necessárias: selecionar as famílias e formar as equipes terapêuticas.

A seleção das famílias se fez por meio de psicodiagnóstico e de triagem. A experiência foi realizada no primeiro semestre de 1995, quando já estavam esperando atendimento em Terapia Familiar Breve, seis casos oriundos do psicodiagnóstico realizado no semestre anterior. Como havia 12 equipes interessadas em participar do atendimento, realizamos, em fevereiro, um trabalho de triagem para incluir mais seis famílias no projeto.

A turma do 10º período para o primeiro semestre de 1995 era constituída por 48 estagiários, os mesmos que tinham freqüentado o 9º período no semestre anterior, os quais, divididos em 4 grupos, A, B, C e D, formaram equipes em número desigual em cada grupo, resultando um total de 12 equipes terapêuticas, também com número desigual de participantes. Formaram-se sete equipes com dois terapeutas e cinco equipes com três terapeutas, isso porque cada aluno teve liberdade de escolha para a participação ativa no atendimento ou para o acompanhamento do trabalho dos colegas.

Os critérios para a formação das equipes foram o produto de uma reunião entre o supervisor e a turma de estagiários, em que se procurou estabelecer um equilíbrio entre as características dos grupos e os imperativos operacionais e administrativos. Deliberou-se, então, que:

— O atendimento seria realizado, necessariamente, por intermédio de equipes.

— Para formar as equipes, cada grupo levaria em conta a necessidade prática de serem constituídas quantas equipes terapêuticas resultassem do equacionamento entre o número de alunos que desejassem atender e o número de famílias a serem atendidas.

— Cada equipe seria composta por, no máximo, três terapeutas.

— As equipes atuariam sempre em co-terapia e, nas equipes compostas por três membros, um atuaria como observador. A decisão sobre a distribuição dessas funções ficaria a cargo da própria equipe.

— Os alunos que assim o desejassem poderiam eximir-se de participar, diretamente, do atendimento, sem outra formalidade que o seu expresso desejo.

— Os alunos que assim o desejassem poderiam participar de mais de uma equipe.

— A constituição da equipe seria orientada pelas preferências pessoais dos alunos, sua identificação com o colega, com o trabalho a ser realizado e com o supervisor.

— Os alunos que não desejassem participar, diretamente, do atendimento assumiriam o compromisso de acompanhar o processo através das reuniões do grupo e do comparecimento às sessões de supervisão bem como de auxiliar na elaboração dos relatórios das sessões, transcrição das fitas K7 e de oferecer sua contribuição na análise das sessões e preparação da sessão seguinte.

Nossa intenção inicial era estabelecer um formato padrão para as equipes. Cada uma seria constituída por três terapeutas, sendo que dois trabalhariam em co-terapia e um assumiria a função de observador, porém, alguns alunos desejaram manter-se em dupla e continuar com as famílias que haviam atendido em psicodiagnóstico no semestre anterior, quando cursavam o 9º período.

Embora não tivéssemos previsto esta diversificação, julgamos oportuno aproveitar a proposta dos alunos e trabalhar com esse dado adicional.

Seria desejável que as equipes fossem formadas por terapeutas de ambos os sexos, porém, a maioria delas é constituída exclusivamente pelo sexo feminino.

3. *As Bases do Atendimento*

Nosso trabalho foi desenvolvido, basicamente, sobre a adoção da co-terapia, no emprego da tarefa e na elaboração do mapa estrutural e do genograma.

3.1. *Co-terapia*

Miermont (1994) define co-terapia baseado nos trabalhos de Bowen (1978) e Walrond-Skinner (1976): "A co-terapia habitualmente é um elemento central do quadro da terapia familiar. Ela institui uma "*relação intersistêmica (sistema familiar e sistema terapêutico), preferindo-a a uma relação diádica paciente terapeuta. Esta atitude inscreve-se em um protocolo terapêutico que visa apreender a inter-relação entre indivíduos mais do que a levar em conta a dinâmica psíquica dos próprios indivíduos. A relação terapêutica significa muito mais que a utilização de vários terapeutas em vez de um só: assim como foi descrito para o grupo familiar, a relação entre os terapeutas representa mais que uma intervenção monoterapêutica e mais do que a somatória de intervenções separadas. Ela constitui, em si, uma entidade dinâmica que, ao superar as intervenções de cada um dos parceiros da ação terapêutica, favorece as mudanças e o estabelecimento de estratégias adaptadas para cada grupo familiar".(Dicionário de Terapias Familiares,* p. 175*)*

A co-terapia pode incluir formações profissionais diferentes como terapeutas familiares, psiquiatras, clínico-geral e equipes institucionais. No presente trabalho, a co-terapia refere-se, exclusivamente, a terapeutas familiares, melhor dizendo, estudantes de psicologia treinando em terapia familiar. As equipes podem ser compostas por dois ou mais terapeutas, do mesmo sexo ou de sexo oposto.

O emprego da co-terapia em tratamento de família traz vantagens quanto à divisão de tarefas e quanto à diversidade de oportunidades oferecidas à família em termos de aliança ou oposição.

As famílias, geralmente tendem a envolver o terapeuta. A necessidade prática da formação das equipes foi aproveitada para prevenir essa ocorrência, pois é mais raro que toda a equipe fique mobilizada pelo mesmo assunto no mesmo momento. Diante da possibilidade de um terapeuta estar sendo 'engolido' pelo sistema espera-se que o outro perceba e dê um suporte ao colega, que faça uma ponte naquilo que está percebendo, que intervenha para restabelecer a integridade do processo. A entrevista, assim, sofre modificações no sentido de uma maior flexibilidade e de uma melhor adequação às dificuldades. A co-terapia tem, então, a função de estabelecer o equilíbrio da sessão.

No caso de haver um terapeuta designado como observador, compreende-se que este será um observador participante. A responsabilidade pela condução de toda uma sessão, ou partes dela, depende de sua própria dinâmica, de o terapeuta estar mais identificado com a problemática da família, com a interação no momento mesmo em que esta ocorre, ou, ainda, com um determinado membro da família, quando, então, este se sente mais à vontade para falar, e fala.

3.2. *Tarefa*

A ênfase na diretividade é a pedra angular da abordagem estratégica. Segundo Andolf, a maneira como o terapeuta utiliza o espaço e o movimento e prescreve tarefas nas sessões é um fator indicativo de que ele é a pessoa que conduz o processo terapêutico. Desde o início o terapeuta deve demonstrar à família que é suficientemente forte para controlá-la, conduzi-la e impor as regras da relação. Andolfi justifica essa explicitação de poder porque compete ao terapeuta libertar a família dos modelos habituais de pensamento e comportamento que a impedem de mudar, de sair das situações difíceis em que se encontra. (Andolfi, *A Terapia Familiar,* pp. 140-141).

Segundo Haley (1979) as diretivas ou tarefas têm três finalidades principais: promover mudanças, intensificar o relacionamento da família com o terapeuta e obter informações. O terapeuta obtém informações a partir da prescrição de uma tarefa pela observação das reações dos membros da família: se fazem a tarefa, se não a fazem, se a esquecem, se tentam ou se fracassam são fatores indicativos sobre as pessoas e como elas responderão às mudanças desejadas.

Para Haley (1979) tarefas devem ser dadas claramente e não apenas sugeridas. Ele prevê uma fase inicial de motivação da família para que cumpra ou para que não cumpra a tarefa proposta. Em quaisquer dos casos, a família estará fazendo o que o terapeuta deseja que faça, pois, quando prescreve uma tarefa com a intenção de que não seja cumprida, pretende que a família mude pela rebeldia. As tarefas devem ser explicadas com clareza para evitar que a família não deixe de cumpri-la simplesmente porque não a compreendeu. Todos devem ser envolvidos na tarefa e participar de seu planejamento: quem vai executar, quem vai planejar, quem vai ajudar, quem vai supervisionar, etc. Por exemplo, se a tarefa consiste em que o pai e a mãe concordem sobre um determinado assunto durante a semana, devem ser discutidos a hora e os aspectos que o assunto deverá ser discutido. O papel de um dos filhos pode ser o de lembrar aos pais a hora da execução da tarefa e o papel de outro filho pode ser o de relatar ao terapeuta como a tarefa foi executada.

3.3. Mapa Estrutural

O mapa estrutural, conforme proposto por Minuchin (1982, p. 59), tem a seguinte nomenclatura:

....	fronteira nítida
- - - - - -	fronteira difusa
——	fronteira rígida
≣	superenvolvimento
═	associação
—‖—	conflito
}	coalizão
══>	desvio

O mapa estrutural ou mapeamento liga-se ao conceito de fronteiras. Fronteiras bem definidas protegem a diferenciação do sistema e facilitam o funcionamento adequado da família; há famílias em que um ou mais membros estão muitos distanciados, as fronteiras são muito rígidas (famílias desligadas) e outras em que esse distanciamento é minimizado, as fronteiras são difusas (famílias aglutinadas).

Diante de ambas as situações a função do terapeuta será definir as fronteiras para a família. Enquanto responde aos acontecimentos no momento em que ocorrem na sessão, observa as transações e levanta hipóteses a respeito de quais padrões são funcionais ou disfuncionais; está obtendo o mapa estrutural da família. Esse é um esquema organizacional, um poderoso recurso de simplificação que lhe permite organizar a diversidade do material que está obtendo e estabelecer os objetivos terapêuticos.

Exemplo de mapa estrutural de uma sessão terapêutica adaptado da obra citada acima à p. 99, em que o casal, para proteger o subsistema conjugal, estabelece fronteiras rígidas para o filho.

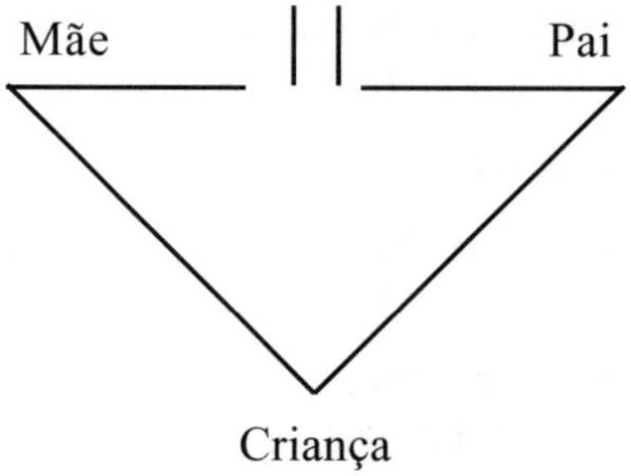

3.4. *Genograma*

Embora o genograma não seja uma técnica ligada à Terapia Familiar Breve, a experiência nos mostrou que ele é um recurso muito útil por permitir a coleta de uma série de dados que demandariam várias sessões terapêuticas.

Assim, dada a natureza do atendimento que pretendíamos realizar, limitamos seu uso a duas, ou no máximo três gerações, para ter, rapidamente, uma visão geral do funcionamento da família, sem, contudo, nos aprofundarmos nas implicações de sua utilização como procedimento terapêutico.

Cerveny (1994) descreve o genograma como "uma representação gráfica multigeracional da família que vai além da simples genealogia, pois inclui também as relações e interações familiares"

(*A Família como Modelo,* p. 91). Assim as relações, os vínculos, os mitos e os padrões das famílias podem ser compreendidos através do genograma. O pressuposto é que as famílias tendem a repetir os padrões de comportamento das gerações anteriores. O genograma se constitui em um guia para o conhecimento desses padrões e oferece subsídios para interrompê-los, quando são destrutivos.

Pendgast e Sherman (1978) elaboraram um guia para a realização do genograma que compreende:

1. Primeiros nomes e apelidos.
2. Idade e data de nascimento, morte, doenças graves, casamentos, separações, divórcios, ritos de passagem (inauguração de residências, promoções, graduações).
3. Lugares físicos.
4. Freqüência do contato entre vários membros da família extensa.
5. Tipo ou tipos de contato (correio, telefone, áudio-cassetes, visitas).
6. Sistema de representação primária de cada pessoa.
7. Relacionamento mais íntimo em cada nível de geração.
8. Filhos mais velhos devem ser colocados à esquerda.
9. Características do relacionamento que o paciente forma com cada pessoa do genograma.
10. Separações emocionais: qual foi o evento? Quando ocorreu?

Influências gerais situacionais:

11. Etnicidade e apresentação étnica de cada núcleo doméstico da família.
12. Filiação religiosa e participação de cada núcleo familiar.
13. Nível socioeconômico de cada núcleo familiar.
14. Questões com intensa carga emocional para cada núcleo familiar (ocupações, sexo, religião, dinheiro, mortes, alcoolismo).

Geralmente estes dados são colocados em cartolina à medida que vão sendo expressados pela família.

4. A Atuação das Equipes Terapêuticas

Cada sala de atendimento era provida de cadeiras comuns e uma mesa. No início de cada sessão os membros da família escolhiam livremente a cadeira onde desejavam sentar-se. A escolha de cada um era cuidadosamente observada pelos terapeutas porque a maneira como a família se dispõe é um forte indicador da maneira como seus membros interagem.

As salas não eram dotadas de espelho unidirecional impossibilitando a observação do grupo. Embora a experiência demonstre que a família não se sente incomodada com a equipe atrás do espelho e que essa equipe pode ser de grande valor para o progresso da terapia com suas observações, intervenções e mensagens, assumimos que todos os presentes a uma sessão terapêutica constituem um sistema do qual a equipe terapêutica e a família são subsistemas (De Shazer, 1982), não justificando, portanto, a utilização dessa estratégia.

As sessões foram gravadas em fita K7 e transcritas.

Gravações em vídeo não foram utilizadas por motivos técnicos: dificuldades de acesso e, principalmente, operação do equipamento.

As sessões tiveram a duração de uma hora e trinta minutos. O atendimento foi semanal, com previsão para dez sessões distribuídas pelo período de um semestre letivo.

Os grupos dedicaram a este projeto seis horas semanais: duas destinadas ao atendimento, duas às discussões do grupo e duas à supervisão.

Os intrumentos utilizados foram a entrevista interventiva, o genograma, o mapa estrutural e a tarefa.

O grupo se reunia após o atendimento de cada uma de suas equipes naquela semana para a transcrição da gravação, análise da sessão, levantamento de hipóteses e formulação das ações para a sessão seguinte.

Somente após essas providências, o grupo comparecia à sessão de supervisão munido das gravações e das transcrições das fitas.

5. *As Ações da Supervisão*

5.1. Preparação dos Terapeutas

A preparação inicial dos alunos foi feita através de: leitura e discussão de textos teóricos, especialmente de Minuchin e Haley; treinamento com a utilização da técnica *role-playing*, para se trabalharem as dúvidas e ansiedades dos terapeutas; orientações quanto ao trabalho em co-terapia e quanto ao uso do genograma.

As equipes foram orientadas no sentido de realizar as sessões tendo em mente os termos do contrato terapêutico e esclarecer a família quanto a:

- assiduidade e pontualidade;
- duração do tratamento;
- o foco (centrado no problema);
- o sigilo profissional;
- a existência do grupo terapêutico;
- a existência da supervisão;
- a indicação de tarefas na sessão ou fora dela;
- a gravação das sessões em fita K7.

Como as tarefas não podem ser aprendidas previamente sua orientação e acompanhamento se deram no decorrer das sessões de supervisão.

5.2. Avaliação do Trabalho Realizado

Foram considerados os progressos alcançados (ou não) pelas famílias.

A avaliação dos progressos alcançados pela família teve por base as descrições contidas no capítulo IV compreendendo a queixa inicial, como a família vivia essa queixa, como se estruturava, o que poderia ser trabalhado no processo terapêutico, como ela era antes e qual a sua estrutura ao final da Terapia Familiar Breve.

Capítulo IV

Descrição e Análise de Famílias Atendidas

Optamos por uma forma de apresentação que nos pareceu suficiente para conter a abrangência dos procedimentos da Terapia Familiar Breve e ao mesmo tempo facilitar a apreensão dos dados obtidos por meio das observações das equipes terapêuticas e do depoimento das famílias atendidas.

Elaboramos quatro quadros.

O primeiro, com o título: **I. Histórico**, contém o histórico da família.

O segundo, **II. O que está acontecendo com a família**, apresenta uma visão geral de como se dava toda a organização familiar no início do tratamento e como este evoluiu no decorrer das sessões.

O terceiro, **III. O que se trabalhou com a família**, apresenta os temas trabalhados durante cada sessão, possibilitando que se perceba a organização da família, pois permite acompanhar todo o processo terapêutico, uma vez que mostra o discurso da família, as hipóteses levantadas e os objetivos terapêuticos. As hipóteses, baseadas no discurso da família, possibilitam a orientação das intervenções terapêuticas, que visam o favorecimento de mudanças. Estas, por sua vez, levam a uma reorganização da estrutura familiar.

O quarto quadro tem título auto-explicativo: **IV. Posição de cada membro da família ao final da Terapia Familiar Breve.**

Em cada família examinou-se a queixa inicial apresentada, pois todas elas procuraram tratamento para um membro específico da família, que chamamos de **paciente identificado (PI)**, geralmente uma criança ou um adolescente.

A **queixa** inicial constava de um problema específico, como enurese, agressividade, dificuldades de aprendizagem, fobia e delinqüência.

A partir dessa queixa específica, a equipe terapêutica trabalhava, em um primeiro momento, para integrar toda a família no processo terapêutico, pois a presença de todos os envolvidos no problema permitia verificar o que estava acontecendo com a família, como ela estava estruturada. Essa verificação permitia a formulação de uma hipótese de como essa estrutura afetava o PI e todo o sistema familiar e tinha como objetivo redefinir o sintoma, de modo que se evidenciassem, no contexto familiar, todas as disfunções existentes em sua estrutura.

Esse trabalho consistiu, basicamente, em verificar como se organizava a estrutura familiar, percebendo como se estabelecia a hierarquia, quem detinha o poder sobre os demais membros da família; como eram exercidas as funções parentais; como se davam as seqüências de interação; como eram tratados ou respeitados os limites de cada subsistema; como ocorriam as lealdades, as alianças, as triangulações, as coalizões, a complementaridade ou mesmo a diferenciação entre seus membros e como era a comunicação dentro do contexto familiar.

A compreensão da estrutura familiar permitiu à equipe terapêutica trabalhar dentro do contexto familiar a maneira como os temas eram percebidos pela família.

Há vários temas comuns às famílias. Um deles era a dificuldade do casal de discriminar entre suas funções parentais e funções maritais. Por exemplo, em uma família, o pai assumia sozinho as funções parentais, a mãe aliava-se com três de seus filhos permanecendo no subsistema fraternal, enquanto que o filho mais velho estava distanciado da família.

Outro tema recorrente foi a influência da família de origem do casal na estrutura da família atual. Uma família, por exemplo, se desestruturou logo após o falecimento dos pais do esposo e do pai da esposa, ocorridos em curto espaço de tempo entre um e outro. Outra forma de a família de origem influenciar a organização da família atual é cada um dos componentes do novo casal trazer, como modelo, a sua própria família de origem. Em conseqüência, estranha os comportamentos de seu par, tenta impor-lhe seus próprios valores, frustra-se por não conseguir esse intento e alimenta ressentimentos contra o parceiro, por acreditar que seus atos são praticados de maneira intencional e ostensiva.

Outras constantes observadas na estrutura familiar são a presença do filho parental, a comunicação do casal por intermédio do sintoma do filho e a dificuldade dos pais para reconhecer as diferenças individuais de seus filhos ou de seu par, o que os leva a um desejo de similaridade.

Nas páginas seguintes, descreveremos três famílias e faremos a análise do atendimento realizado. Para salvaguardar a identidade, tanto dos membros das famílias quanto dos terapeutas, todos os nomes foram substituídos por nomes fictícios.

Embora tenhamos feito este trabalho de descrição minuciosa para cada uma das 12 famílias e reconheçamos que não há dois atendimentos iguais, visto que não há duas famílias iguais, para não mencionar o contexto no momento mesmo do atendimento, algumas queixas se repetem. Por esse motivo, selecionamos três modelos de queixa, com a convicção de que essas descrições constituem um referencial suficiente para aqueles que pretenderem, porventura, repetir nossa experiência.

Família nº 1 — "Cardoso"

I. Histórico

1. Genograma

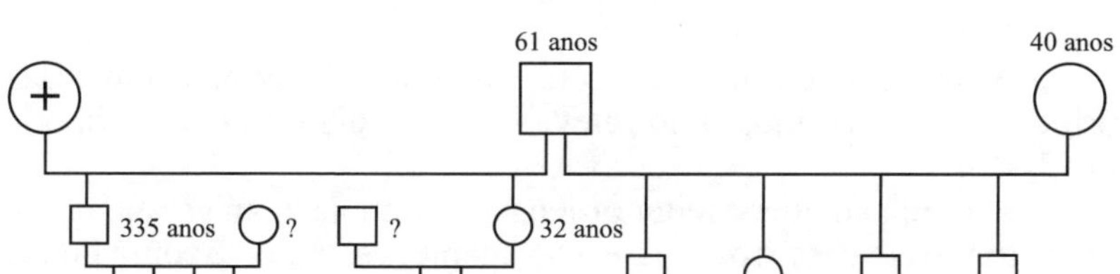

A família é composta por seis pessoas: o casal e quatro filhos. O casamento se deu há 22 anos. O pai, Josimar, é viúvo. Casou-se com Lindalva, em segundas núpcias, sendo que ela, na ocasião, era solteira. Ele tem 61 anos e é feirante. Ela tem 40 anos e exerce a profissão de cozinheira.

Os filhos, pela ordem de idade, são Ivo, o mais velho, com 21 anos, não trabalha e parou de estudar; Márcia, 17 anos, estuda magistério e trabalha na feira com o pai; Márcio, 15 anos, e Eraldo, 11 anos, ambos estudantes de 1º grau.

De seu primeiro casamento, o pai tem dois filhos: Wilson Ricardo, de 35 anos, e Neide, de 32 anos, ambos casados, não moram com a família.

Ricardo tem três filhos com as idades de 10, 7 e 6 anos, e um quarto filho que morreu logo após o nascimento. A Neide é mãe de uma menina de 8 anos e de um menino de 7 anos.

2. Queixa

• A família procurou a Clínica, na pessoa da mãe, com a queixa de que seu filho caçula, Eraldo, estava tendo problemas de enurese. Não conseguia controlar a urina em nenhum local em que estivesse e esse fato já estava trazendo transtorno tanto para a família, como para ele próprio, pois, além de ficar muito constrangido, em alguns momentos estava ficando agressivo, tanto em casa, com os irmãos, como na escola, com os amigos, que faziam caçoada e apelidando-o de 'fedido'.

II. O que está acontecendo com a família

• O pai culpa a mãe por não estar em casa e não orientar nem tentar auxiliar o filho em seu problema.

• A mãe discorda e discute com o pai. Márcia toma o lugar da mãe e se responsabiliza pela casa e pelo cuidado dos irmãos, sendo supervalorizada por isso.

• A mãe passa a trabalhar fora e não quer fazer nada em casa, principalmente comida, fato relevante, visto ela ser cozinheira por profissão.

• Márcio não quer aceitar ordens de ninguém nem prestar qualquer auxílio em casa. Torna-se extravagante, vestindo-se como Punk.

• Ivo torna-se revoltado tanto com o pai como com a mãe, sente-se rejeitado, distancia-se da família. Não trabalha nem estuda.

• Eraldo vive angustiado com seu problema. É alvo de zombaria, não só na escola, como em todos os lugares que freqüenta. Não agüenta ficar em casa, saindo sempre para a rua, principalmente quando a mãe chega.

• Foram realizadas dez sessões, sendo que o pai faltou na quarta, juntamente com Ivo, e a mãe faltou na nona sessão, juntamente com o filho Ivo, também.

1. Hierarquia

• Em um primeiro momento, temos Josimar ocupando a posição parental tendo a mãe um papel desqualificado, ficando na posição mais de filha do que de mãe. O filho Ivo distanciado da família e os filhos Márcio, Márcia e Eraldo na p osição fraterna.

Pai
____________________ | Ivo
Mãe, Márcia, Márcio, Eraldo

• Em um segundo momento temos ainda Josimar ocupando a posição parental, elevando a filha Márcia a uma posição parental, tendo os filhos Márcio e Eraldo em posição fraterna e a mãe distanciada da família, bem como o filho Ivo, que está mais unido à mãe.

Pai ———— Márcia | Mãe ——— Ivo
____
Márcio, Eraldo

• Em um terceiro momento, temos o pai e a mãe em conflito, mas ambos mantendo a posição parental e os filhos Márcia, Márcio e Eraldo na posição fraterna e Ivo continuando afastado da família.

Pai —— | | —— Mãe
____________________ | Ivo
Márcia, Márcio, Eraldo

• Em um quarto momento, temos a mãe ainda em conflito com o pai, mas ainda se mantendo em posição parental. Os filhos Márcia, Márcio e Eraldo continuam na posição fraternal e Ivo unindo-se a eles, também em uma posição fraternal.

Pai —— | | —— Mãe
____
Ivo, Márcia, Márcio, Eraldo

• Em um quinto momento, temos os pais relacionando-se melhor na função parental e os filhos na posição fraterna, podendo respeitar-se e sendo respeitados pelos pais.

Pai ———————— Mãe

————————————————

Ivo, Márcia, Márcio, Eraldo

2. Seqüências de Interações

• Márcia pensa e fala por todo o grupo familiar.

• O pai permite que Márcia fique na posição parental, e aceita todas as suas opiniões. Trabalha intensamente e dorme todas as tardes para recuperar forças.

• A mãe mostra-se extremamente submissa, fica à margem da família.

• Não existe interação com o Ivo que se sente rejeitado pela família.

• Quando os sintomas de Eraldo ficam mais evidentes, o pai passa a culpar a mãe por não ficar em casa e não cuidar dele o suficiente. Critica-a e diz que em sua casa não tem ordem por causa da mulher, que trabalha fora e não cuida da casa.

• O conflito parental não aparece explicitamente, pois, quando o casal vai ficar frente a frente, sempre um dos filhos aparece para intermediar a situação e formse uma triangulação.

• A mãe é muito invadida pelos filhos e pelo marido que a criticam muito, e não consegue defender-se.

• O pai está se distanciando da mãe e unindo-se aos filhos, para poder manter uma relação de poder e controle sobre a mãe.

• Nessas seqüências de interação, sempre que há uma emoção forte, alguém falta na sessão seguinte, como uma forma de amenizar essa tensão.

3. Limites

• Esta é uma família aglutinada. Há uma invasão do subsistema fraternal e vice-versa. Márcia assume a posição de mãe e esta assume a posição de filha. Conservam certa privacidade, procurando não mexer, pegar ou usar roupas ou objetos uns dos outros mas acabam contando coisas íntimas em relação aos namorados de Márcia, Ivo, Márcio e Eraldo.

• Tentam manter-se aglutinados para evitar uma diferenciação, em que poderiam surgir outros elementos com problemas maiores que os de Eraldo, ou mesmo que pudessem ser discriminados alguns elementos colocando em evidência outros. Nesse processo de separação qualquer diferenciação é sentida pela família como uma traição, como um abandono. O sentimento de pertencimento é forte.

• Permanecendo indiferenciados é uma forma de mascarar o conflito no subsistema parental, o que resulta no aparecimento do sintoma de Eraldo.

4. *Alianças*

Pai — Márcia

• O pai a supervaloriza nos trabalhos que faz e por ser boa estudante e atribui funções parentais a ela, que tem que cuidar da casa, dos irmãos e ainda ajudá-lo na feira.

• Ela faz com que os irmãos façam o que o pai quer, o apóia em seu trabalho, ajuda-o a criticar o trabalho da mãe e acompanha o desenvolvimento escolar dos irmãos.

Pai — Márcio

• Protegendo-o.

• Desculpando seus erros.

• Permitindo que o ajude na feira.

• Afastando-o dos afazeres domésticos.

• Não fazendo cobranças em relação às suas dificuldades escolares (duas reprovações).

Mãe — Ivo

• Apoiando Ivo em suas dificuldades.

• Defendendo Ivo das críticas dos familiares.

• Acreditando que o filho sofre muito por maus-tratos causados na infância pelo pai que o rejeitou.

• Sentindo-se como ele, distanciada da família.

Mãe — Eraldo

• Apoiando-o em suas dificuldades.
• Falando com a professora sobre suas dificuldades.
• Levando-o para tratamento.
• Não cobrando dele tarefa doméstica, mas dizendo que ele a ajuda bastante.

Márcio — Márcia

• Márcio sempre concordando com tudo que Márcia diz e apoiando-a em suas funções parentais.
• Sendo cúmplices e protegendo-se um ao outro.

Márcio — Eraldo

• Márcio tratando Eraldo como um irmão caçula, preocupando-se com ele e querendo controlar suas atividades para que não perca aulas nem fique na rua à toa.
• Coloca-se na posição de irmão mais velho que cuida do menor.
• Fala por ele e pede para que realize coisas em casa.
• Incumbe-se de acordá-lo para ir à escola, fazendo-o antes de ir para a sua escola.

5. *Complementaridade*

• O pai desqualifica a mãe perante os filhos, dizendo que ela mesma não cuida da casa, que não tem facilidade para aprender as coisas.
• A filha Márcia, para manter-se na posição de competente e qualificada, une-se ao pai e desqualifica a mãe.
• A mãe, para manter o pai em uma posição privilegiada e competente, acaba aceitando seu rebaixamento, não se defende e se mantém afastada da família.
• Eraldo e Ivo, para elevarem a mãe a uma posição mais qualificada, unem-se a ela e tentam manter-se dependentes dela.

6. *Flexibilidade-Rigidez*

• A família mostrou-se flexível e se mostrou aberta para mudanças. Em muitos momentos demonstraram compreender tudo o que foi discutido e proposto nas sessões em benefício de Eraldo e de todos e puderam colocar em prática as sugestões dadas.

7. Comunicação

• A comunicação da família em determinados aspectos mostrou-se fácil e aberta, porém existem alguns assuntos que são mais ou menos evitados. Por exemplo, assuntos sobre sexo e alguns acontecimentos do passado na vida afetiva do pai e da mãe, principalmente sobre o primeiro casamento do pai.

• A relação marital não é discutida nem se permite falar sobre seus conflitos íntimos. Fica sempre num nível indireto, através de algumas insinuações do pai, principalmente quando se refere a saídas da mãe e da mãe, quando se refere ao pai querendo controlar suas roupas, suas saídas e seu trabalho.

• Os filhos reclamam da frieza do pai em relação à mãe.

• Na família é permitida a expressão de emoção agressiva e hostil, ficando mais difícil a expressão de carinho e afeto.

• A mãe demonstra descarregar suas emoções, dedicando-se intensamente ao trabalho.

8. Ciclo vital

• A família parece estar presa na fase da adolescência. Os filhos não conseguem sair de casa. Não conseguem sua independência, nem economicamente (trabalham com o pai), nem emocionalmente.

• A mãe coloca-se numa posição de adolescente displicente, em que o marido é o pai que tem que cuidar de todos os filhos, incluindo a ela, que não consegue assumir o seu papel de mãe responsável por essa família.

• Os filhos não conseguem se individualizar, e o que tenta é agredido pelos demais.

• Pais com dificuldades para conviver com a entrada dos filhos na vida adulta.

9. Coalizões

• Pai e mãe brigam através dos filhos. A mãe demonstra ciúmes da filha Márcia que compete pela autoridade parental.

• O pai, Márcio e Márcia se unem para criticar a mãe por trabalhar e ausentar-se da casa.

• Márcia e Márcio se unem para criticar o pai em sua rigidez afetiva para com eles.

• Pai e mãe brigam através dos filhos, desviando a agressividade, protegendo-se para que não apareça diretamente na relação marido e esposa ou mesmo na relação homem-mulher.

10. Triangulações

• O pai em conflito com a mãe e superenvolvido com Márcia, colocando-a em uma posição de filha parental, encarregada de cuidar dos irmãos e arrumar a casa. A mãe em conflito com ela por não aprovar o seu namoro.

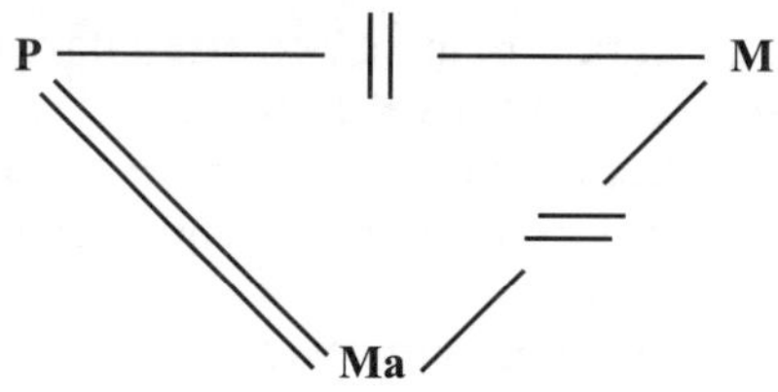

• O pai em conflito com o filho Ivo por achar que a mãe não liga para a casa, que o abandona e que o filho é vagabundo e não quer trabalhar A mãe superenvolvida com Ivo e achando que ele tem problemas, pois sofreu muito com os maus-tratos que o pai lhe causou na infância, bem como a ela, pois não o queria. Queria que ela abortasse ou desse o filho.

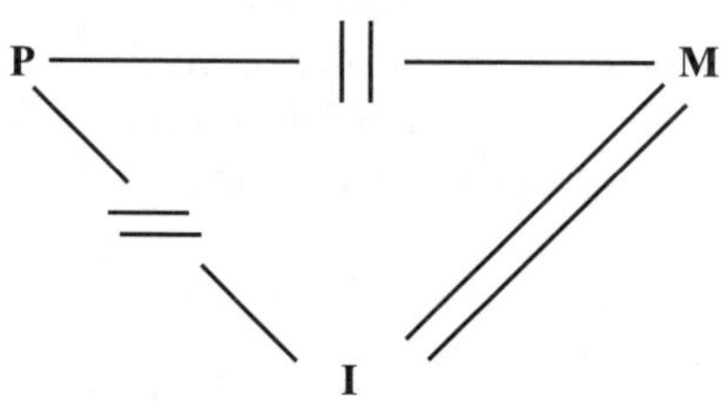

• Pai em conflito constante com a mãe. Mãe em conflito com Márcio que não a respeita como mãe. O pai superenvolvido com ele, pois o ajuda muito na feira e é responsável.

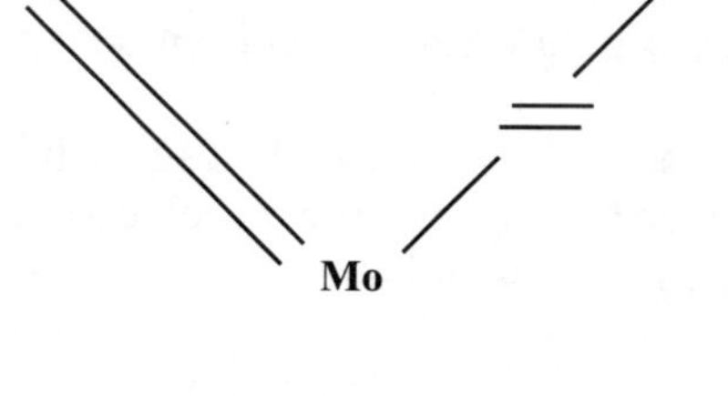

• Pai em conflito com a mãe que se superenvolveu com Eraldo para ajudar a resolver seus problemas e pai tendo um bom relacionamento com ele.

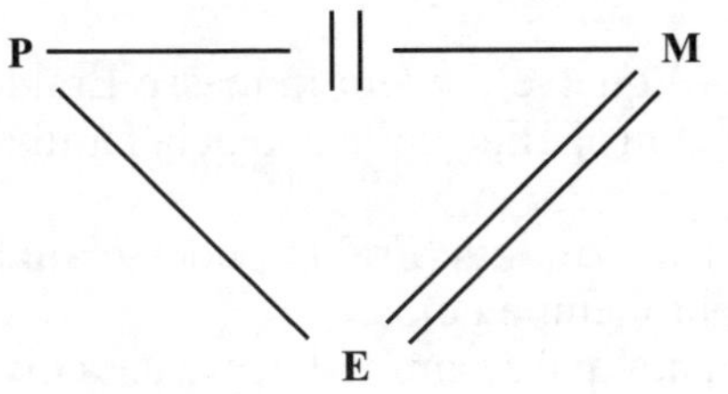

• Os irmãos Márcia e Márcio superenvolvidos e se ajudando mutuamente, enquanto os dois ficam em conflito com Ivo por ele não trabalhar nem estudar.

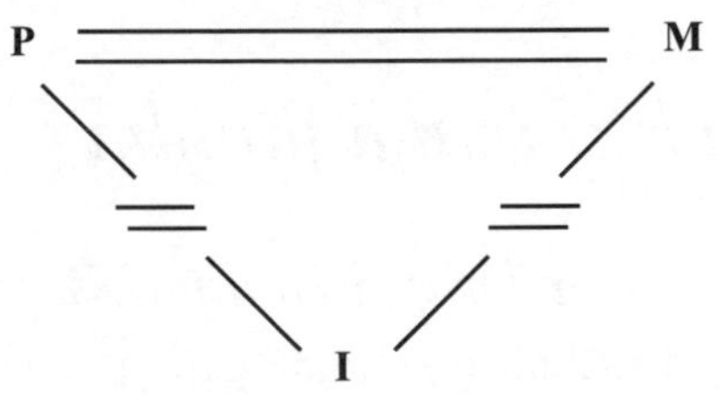

• Márcia e Márcio superenvolvidos e Márcia sendo super-protetora de Eraldo querendo colocar-se na posição de mãe. Márcio também dando-se bem com ele e se incumbindo de acordá-lo para ir para a escola

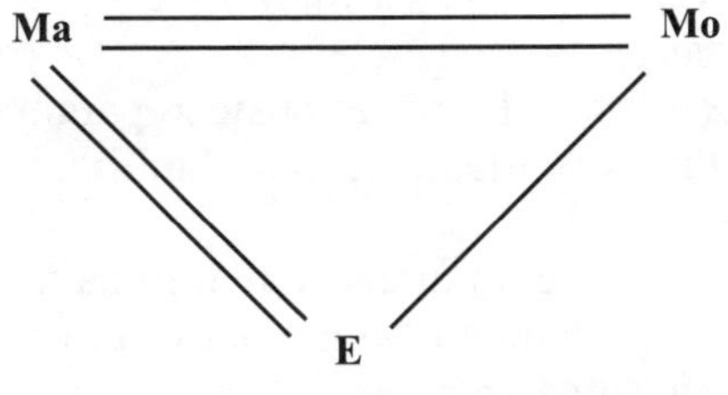

11. Tarefas

•Foi indicado (1ª sessão) à mãe que falasse com a professora de Eraldo para que permitisse que ele saísse para ir ao banheiro quando necessitasse.

• Foi indicado (2ª sessão) que se alguém xingasse Eraldo de 'mijão', esta pessoa receberia um apelido colocado pela família durante a sessão seguinte.

• Foi trabalhado (6ª sessão) para que Eraldo pudesse ajudar o pai na feira, para não ficar tanto tempo ocioso.

• Foi pedido (7ª sessão) para que a família fizesse uma divisão dos serviços caseiros. A mãe faria uma lista e depois supervisionaria o trabalho realizado.

• Foi indicado (9ª sessão) para a última sessão que se daria uma 'festinha' e que cada um faria um prato para trazer a essa festinha.

III. O que se trabalhou com a família

1. Temas trabalhados durante a Terapia Familiar Breve

• Trabalhou-se para se redistribuir o sintoma para que não se precisasse manter Eraldo na posição de paciente identificado (PI).

• Trabalhou-se para que a família pudesse respeitar as diferenças individuais, não tendo expectativa de similaridade.

• Trabalharam-se os limites da família, que deveriam ser criados e respeitados para que cada um pudesse assumir suas responsabilidades sem invadir os limites do outro.

• Trabalhou-se para elevar-se a mãe na hierarquia familiar a fim de elevar sua competência.

• Trabalhou-se para tirar a filha Márcia da posição parental.

• Trabalharam-se as fantasias de idealização da família.

• Trabalharam-se os mitos familiares.

• Trabalhou-se a dificuldade de comunicação dentro da família para que todos pudessem falar diretamente com o outro sem necessidade de intermediário nem de somatizações.

• Trabalhou-se para que a família permitisse que as emoções pudessem ser explicitadas, sem precisar desviá-las através de comportamentos agressivos e violentos.

• Trabalharam-se os afetos dentro da família.

• Trabalhou-se para o fortalecimento do subsistema fraternal, a fim de que pudessem aflorar, naturalmente, suas potencialidades, sem que se sentissem ameaçados com isso.

• Trabalhou-se para ajudar os filhos em seu processo de independência e individualização dentro do contexto familiar.

• Trabalhou-se para que os filhos pudessem compreender suas dificuldades e limitações, mas que percebessem também suas qualidades e possibilidades.

• Trabalhou-se para ajudar os pais a relacionarem-se mais diretamente com seus filhos. Que pudessem compreendê-los e respeitá-los em sua individualidade.

• Trabalharam-se as dificuldades dos pais em lidar com o crescimento dos filhos.

• Trabalhou-se para unir o casal em suas funções parentais, para elevá-los em sua competência na hierarquia familiar.

• Trabalhou-se para que o casal discriminasse a relação entre as funções parental e marital.

• Trabalhou-se a dificuldade da relação marital.

• Trabalhou-se para ajudar o casal, principalmente a mãe, tornar-se independente de sua família de origem.

2. *Trabalho realizado durante cada sessão*

Discurso da Família	*Hipótese*	*Objetivos Terapêuticos*
1ª Sessão Obs.: A mãe comparece sozinha.		
• Lindalva: Os exames do Eraldo não ficaram prontos (exames neurológicos solicitados na Triagem). Eraldo faz “cocô” e “xixi” na escola e suja a roupa. E tudo que acontece lá na escola ele é logo “culpado”. Ele toca em um conjunto de samba e não agüenta chegar o fim do número, já fica todo molhado. Também à noite ele acorda e parece que vai “subir pelas paredes” tem que “chacoalhar ele para acordar”. Ele já teve pneumonia e bronquite.	• Eraldo é o paciente identificado dessa família (PI).	• Trabalhar a mãe para integrar toda a família para o tratamento em Terapia Familiar Breve. Colher dados da situação geral da queixa e da família, a fim de ajudar Eraldo para não precisar ser o paciente identificado (PI) da família.

Discurso da Família	*Hipótese*	*Objetivos Terapêuticos*
•As terapeutas questionaram sobre os outros elementos da família para que as inte-rações pudessem aparecer. A mãe comenta que o marido trabalha na feira e leva os filhos com ele para ajudá-lo. Ivo não estuda e parou de trabalhar. Gosta de fazer esportes. Também está inscrito aqui na Clínica para fazer Terapia Breve Individual. A Márcia é inteligente, trabalha com o pai na feira, estuda no terceiro colegial magistério. Está namorando, mas a mãe não aprova por ela ser jovem e ele pobre. Desqualifica-o comparando-o com o próprio marido que não tem nada e que Márcia não deveria imitá-la. Márcio está na 5ª série. Parou de trabalhar. Também fazia "xixi" na cama e parou quando arranjou uma namorada.	• Se o sintoma for redefinido, aparecerão outras formas de dificuldades vividas no contexto familiar e poderemos entender como se organiza a estrutura familiar.	•Redefinir o sintoma, para que este possa circular liberando Eraldo da posição de paciente identificado (PI) e possibilitando que as dificuldades dos outros elementos da família possam aparecer de forma que eles também possam ser ajudados.

Discurso da Família	*Hipótese*	*Objetivos Terapêuticos*
2ª Sessão		
•Lindalva: Eu venho para a terapia para ajudar o Eraldo. Márcia: É. O Eraldo é um problema e a escola mandou uma carta. Márcio: É! A gente pode ajudá-lo. Eraldo: Eu sou muito bagunceiro e a professora reclamou. Ivo: É. A professora reclamou do horário e que ele não faz as lições. Josimar: O problema é que estas crianças não têm quem cuide delas nem dê ordens. Ela (mãe) trabalha o dia todo e não tem quem cobre nada. Acho que criança tem que ter ordem.	• Há dificuldades de relacionamento entre o casal e o sintoma de Eraldo é usado para encobrir essas dificuldades.	• Redefinir o problema, para que as relações entre os membros da família possam ser trabalhadas, sem que se precise de Eraldo como paciente identificado. Trabalhar para que se percebam as divergências do sistema parental em relação à percepção dos problemas do filho e de seus próprios conflitos maritais.

Discurso da Família	*Hipótese*	*Objetivos Terapêuticos*
• Márcia: É. A minha mãe sempre trabalhou. Quando precisamos dela, ela trabalhava. Agora é o Eraldo que precisa. Ela deveria ficar em casa. Márcio: É. O Eraldo não tem ninguém que o acorde de manhã. Aí ele acorda tarde e mesmo que a gente coloque o relógio ele não acorda. Ele precisa de alguém para chamá-lo. Ivo: Eu chamo antes de ir trabalhar, ou mesmo agora que tô em casa. Ele levanta e vai para a rua brincar e vai para a escola atrasado. Aí a professora reclama. Acho que se minha mãe estivesse em casa as coisas seriam diferentes.	• As dificuldades de relacionamento entre a família, principalmente entre o casal, desequilibram e desarmonizam o ambiente familiar, fazendo com que a ausência da mãe em horário de trabalho seja sentida pelos filhos como um abandono.	• Ajudá-los a perceber as dificuldades e as necessidades da família, para que possam expressar e reconhecer seus sentimentos de "rancor" em relação à mãe, sem que precisem fazê-lo através de Eraldo.
• Eraldo: Eu não posso nem falar nada, não sei qual o problema dela, ela é quem tem que resolver.	• Eraldo parece compreender as dificuldades de relacionamento que há entre o casal e não desqualifica a mãe, como fazem seus irmãos.	• Poder elevar a mãe na hierarquia e competência dentro da família.

Discurso da Família	*Hipótese*	*Objetivos Terapêuticos*
• Ivo: Eu tenho namorada, mas não é sério. A gente está trabalhando e elas estão por aí "chifrando" a gente. Márcia: Meu namoro está indo (rindo). Eraldo: Eu não tenho namorada nem namorado.	•Há uma tentativa de diferenciação entre os membros da família e o aspecto da sexualidade parece ser uma preocupação deles.	•Ajudá-los a expressar-se afetivamente para que possam ser ajudados em sua diferenciação e crescimento pessoal. Ajudá-los a ver sua própria relação com o sexo oposto e de como esse aspecto da sexualidade está sendo lidado dentro da família.
• Márcia: Eu trabalho com o meu pai, mas preferia trabalhar em uma loja ou escritório de maneira que minha mãe pudesse ficar em casa. Seria mais vantajoso para a família se ela ficasse em casa, mas reconheço que sua contribuição para fazer face às despesas é essencial, pois o pai trabalha para pôr comida em casa e as outras coisas é a mãe quem dá. Se ela parar não dá para fazer nada.	• Márcia quer tornar-se independente e tem dificuldades, pois está ocupando a posição de filha parental.	• Ajudar Márcia a poder tornar-se independente, a sair da posição de filha parental e a perceber sua ambivalência em relação à mãe trabalhar, pois quer que ela fique em casa e por outro lado diz que se ela não trabalhar não terão outras coisas.

Discurso da Família	*Hipótese*	*Objetivos Terapêuticos*
• Lindalva: Eu sempre trabalhei fora quando eles eram pequenos. Eles ficavam na creche sem problemas. Márcio: É. Mas nós fomos expulsos daquela creche. Márcia: Verdade. Nós não pudemos continuar lá. Lindalva: Não é bem assim. Não é que vocês foram expulsos. É que lá tinha um limite de idade, só pegavam crianças até a idade de 6 anos e você já iria fazer mais. Então para não ter que levar um para uma creche e outro para outra eu tirei os dois.	• Márcio e Márcia se unem para desqualificar a mãe na sua função parental.	• Ajudar a mãe a elevar-se em suas funções parentais. Ajudar o casal a perceber o desenvolvimento dos filhos, sem que ninguém precise se sentir ameaçado ou culpado por essa maior independência, de maneira que os filhos possam perceber seus conflitos com a mãe e resolvê-los.
• Márcia: Lá em casa eu tenho que resolver tudo.	• Márcia assume a posição de filha parental.	• Ajudá-la a sair da posição de filha parental, para que sua mãe possa assumir suas funções parentais mais adequadamente e Márcia possa fazer parte do subsistema fraternal.
• Eraldo: Eu quero ir ao banheiro, posso?	• Eraldo tem receio de não conseguir controlar seu "xixi".	• Conotá-lo positivamente, mostrando que ele pode ter controle da situação quando for necessário.

Discurso da Família	*Hipótese*	*Objetivos Terapêuticos*
• Eraldo: Na escola eu não consigo autorização da professora para ir ao banheiro. Minha professora acha que eu quero bagunçar e não deixa, então não dá para esperar. Em casa também, todos ficam gozando e me chamando de "mijão".	• Eraldo tem dificuldades para dizer clara e objetivamente para a professora o que está acontecendo com ele.	• Ajudá-lo a poder expressar-se objetivamente, elevando-o na sua competência.
• Terapeutas fazem uma aliança com Eraldo e propõem para a família: se o chamarem de "mijão" ele vai nos contar na próxima sessão. Aí iremos procurar um apelido para quem não respeitar esse acordo, está bem?	• Eraldo está se desenvolvendo e teme tornar-se independente.	• Ajudá-lo na sua integração, para que possa ser elevado perante eles e possa caminhar para uma maior independência mais satisfatoriamente.

3ª Sessão

Discurso da Família	*Hipótese*	*Objetivos Terapêuticos*
• Terapeuta questiona se respeitaram o acordo. Eraldo: Sim, ninguém me xingou de "mijão".	• Eraldo é xingado, pois está sendo colocado na posição de paciente identificado (PI).	• Conotá-los positivamente em sua atitude, mostrando que podem se respeitar, sem precisar colocar ninguém na posição de paciente identificado (PI).

Discurso da Família	*Hipótese*	*Objetivos Terapêuticos*
• Márcia: Ivo é quem mais chamava Eraldo de "mijão" e brigava com ele. Márcio: É mesmo, o Ivo é quem mais fala. Eraldo: Ah! Vou ter que arrumar um apelido para ele. Bom! Não, dessa vez vou perdoá-lo.	• Está havendo uma maior integração no subsistema fraternal.	• Trabalhar as alianças dos irmãos dentro do subsistema fraternal e sua influência nas inter-relações familiares.
• Márcia: Em casa temos apelidos. Márcia: brinquinho, Ivo: bolinha, Eraldo: coquinho.	• Colocar apelidos é uma forma de expressão afetiva que há dentro do relacionamento dessa família.	• Trabalhar as formas de a família se relacionar e se comunicar. Ver como demonstram seus sentimentos afetivos, tanto amorosos como hostis.
• Ivo: Eu pensei na sessão passada. Estou trabalhando perto de casa, quero voltar a estudar. Já fiz várias tentativas para ser ciclista, mas minha família acha que esporte não é profissão e tentam me desmotivar.	• Ivo tenta se tornar independente de sua família e encontra resistência por parte dela.	• Conotá-lo positivamente incentivando-o em suas realizações tanto pessoais como profissionais, dando também conotação positiva para sua "aptidão" esportiva mostrando que com dedicação e esforço ele pode ser um profissional do esporte e ter prazer com o que realiza, sem precisar ser desmotivado pela família.

Discurso da Família	*Hipótese*	*Objetivos Terapêuticos*
• Eraldo: Eu não fiz mais "xixi" na escola. Só em casa.	• Eraldo está podendo ter um maior controle sobre suas dificuldades.	• Apoiá-lo em sua conquista e valorizar suas potencialidades. Podendo mostrar que ele tem o poder de controlar e resolver a situação quando for preciso.
• Eraldo: Na Páscoa eu só vou ganhar ovo pintado e ovo de chocolate e vou ganhar também os parabéns, pois é o meu aniversário.	• É importante para Eraldo ser lembrado em seu aniversário.	• Ver como é que a família comemora os dias festivos. Como costumam fazer os aniversários, como se presenteiam... que valor dão a essas datas.
• Márcia: Eu ensaiei para me apresentar no conjunto de samba.	• A família se une para desempenhar uma atividade profissional que lhe traz satisfação e propicia momentos de lazer.	• Ver como a família se organiza profissionalmente e afetivamente para se apresentarem em conjunto de samba e como sentem e vivenciam esse conjunto.

Discurso da Família	*Hipótese*	*Objetivos Terapêuticos*
• Josimar: Com 11 anos eu já trabalhava e com 15-16 anos já estava pronto para casar. Para estudar não tinha opção, tinha que andar dez quilômetros e aí quando chegava do trabalho tava escuro, os outros já tinham ido embora, dava medo. Eu tive muitas dificuldades para aprender a ler e escrever. Eu trabalhei como segurança e depois comprei uma "kombi" e fui trabalhar como autônomo em feiras livres vendendo temperos. Tive que me aperfeiçoar em contas para poder dar conta do recado.	• O pai quer que os filhos percebam as dificuldades que ele encontrou em sua vida e como as superou, para que eles o tenham como um exemplo e possam esforçar-se para se desenvolver.	• Elevar o pai em sua competência parental. Trabalhar suas expectativas quanto ao desenvolvimento dos filhos, e poder ajudá-los a perceber e compreender o empenho do pai em auxiliá-los.
• Josimar: Eu aprendi a tocar de ouvido, espero que meus filhos também aprendam. Eu com-pro os instrumentos musicais juntamente com o manual, e eles têm que saber. Márcio: Eu acho difícil, não consigo. Márcia: Meu pai só esculacha, porque a gente não sabe fazer como ele.	• O pai tem expectativas quanto à produção artística dos filhos, pois espera que sejam capazes de aprender a tocar os instrumentos musicais sozinhos como ele fez.	• Conotá-lo positivamente em suas realizações, mas trabalhar as suas expectativas, para que perceba as diferenças individuais das pessoas e que não espere uma similaridade consigo, que não é possível, para que dessa forma ele possa compreender as diferenças de cada um e respeitar os seus limites.

Discurso da Família	*Hipótese*	*Objetivos Terapêuticos*
• Lindalva: O Márcio não queria vir para a terapia hoje. Ele está tendo dificuldades de adaptação na escola e também costuma mentir para a gente.	• A terapia familiar breve está possibilitando que haja uma circularidade do sintoma e o paciente identificado nesse momento pode ser o Márcio.	• Trabalhar as dificuldades de Márcio, podendo dessa forma ajudá-lo, permitindo que haja uma circularidade do sintoma.
• Terapeuta pergunta se Ivo é bom aluno. A mãe diz que não. Que bate nas outras crianças.	• Há necessidade de que se faça o sintoma circular dentro do contexto familiar, a fim de que a família possa percebê-lo e não mais necessitar de um paciente identificado (PI) e possa compreender as necessidades, as dificuldades e as possibilidades de cada um.	• Tentativa de mos-trar a circularidade do sintoma e que ele pode estar com cada filho e que cada um pode ser ajudado em suas dificuldades.
• Lindalva: Quando o Ivo nasceu nós já éramos casados, morávamos juntos, mas os filhos do primeiro casamento dele pensavam que eu era a empregada da casa, não sabiam que nós éramos casados. Só descobriram quando eu engravidei do Ivo. Aí o Ivo nasceu e eles não gostavam do Ivo.	• Houve dificuldades de relacionamento do casal, que interferem ainda hoje em seus relacionamentos.	• Ampliar as queixas implícitas na relação pai-mãe-Ivo. Que elas possam ser explicitadas e que as dificuldades do relacionamento pai-mãe possam aparecer tanto no sentido parental como no marital.

Discurso da Família	*Hipótese*	*Objetivos Terapêuticos*
• Ivo: Eu tive muitos maus-tratos lá na creche que eu estava. Eles me batiam, me deixavam sem roupa, sem comida, tanto que eu não queria mais ir.	• Ivo parece sentir que suas dificuldades atuais estão ligadas às necessidades e dificuldades que viveu em sua infância.	• Apoiá-lo em suas dificuldades, conotando positivamente suas conquistas, possibilitando, dessa forma, uma maior integração de Ivo com seu meio social, bem como ajudá-lo a desenvolver-se mais adequadamente no momento atual.
• Márcia: Ah, Ivo, hoje não é mais assim... (Márcia fala por Ivo como se fosse sua mãe).	• Márcia exerce a função de filha parental junto dos irmãos.	• Dar condições a Márcia para que possa desligar-se de sua posição parental, não no sentido de um rompimento com a família, mas sim no sentido de uma individualização, para que possa sair da posição de mãe, que não é sua função e possa ser filha e irmã, de modo que a mãe possa assumir o seu papel parental junto à família.

4ª Sessão

• Eraldo: Eu ganhei um ovo. Todos ganharam, menos minha mãe, mas a gente dividiu com ela, para não ficar sem nenhum.	• Eraldo é solidário com a mãe e se recente ao vê-la desqualificada em sua função parental.	• Conotá-lo positivamente em suas tentativas de unir a família, para que a mãe possa ser elevada em sua com-petência parental.

Discurso da Família	*Hipótese*	*Objetivos Terapêuticos*
• Lindalva: O Ivo faltou, porque começou a trabalhar em uma agência. Não é o que ele queria, mas está tentando.	• A mãe percebe o esforço de Ivo na tentativa de se desenvolver profissionalmente e o apóia.	• Conotar positivamente a realização de Ivo e trabalhar junto a família para que possa reforçá-lo e apoiá-lo em suas realizações na tentativa de um crescimento.
• Eraldo: Eu pedi para a professora para ir ao banheiro quando eu precisei lá na escola e agora não urino mais na roupa na escola.	• Eraldo pode se sentir seguro, pode relacionar-se clara e objetivamente com a professora e pode ter um maior controle da situação como um todo.	• Conotá-lo positivamente, fazendo com que perceba como ele, agora, tem o poder de controlar suas necessidades fisiológicas.
• Márcia: O meu pai implica com o meu namorado porque ele não trabalha, mas ele está operado e depois quando melhorar ele vai tentar ver se trabalha separado da família. Pelo menos é o que eu espero.	• Márcia é insegura na relação com o namorado e se incomoda com a opinião que sua família tem dele, pois percebe suas dificuldades.	• Trabalhar para que Márcia discrimine seus próprios sentimentos sem precisar "julgar" o namorado pelas opiniões de outras pessoas, de modo que possa ser responsável pelos seus atos.
• Márcia: Eu sei que tem diferenças entre meu namorado e eu, mas eu só estou curtindo, não estou pen-sando em me casar ainda. Márcio: É. O namorado da Márcia não quer saber de nada. Ele se une com a família dele e fica sempre na mesma.	• O namorado de Márcia é desqualificado por ela e por seu irmão. • Trabalhar para que	Márcia possa entender o que realmente sente e qual o "uso" que faz desse namoro dentro da família, uma vez que o desqualifica.

Discurso da Família	*Hipótese*	*Objetivos Terapêuticos*
• Márcia: É. Já dá até para levar a namorada para sair com o dinheiro que o Ivo tá ganhando. Márcio: É. Nos motéis. Lindalva: Também, essas meninas de hoje só pensam nisso. Márcia: Aí depende. Vai quem quer. Lindalva: Você, se o seu namorado falasse, você iria? Márcia: Não, pois acho que não vale a pena.	• Há na família uma preocupação com o envolvimento sexual de seus membros.	• Conotar positivamente a realização de Ivo e de como todos os outros elementos da família podem também desenvolver-se. • Trabalhar as expectativas da família quanto ao papel da sexualidade de cada um e de como isso é visto no contexto familiar.
• Eraldo: Não tenho nenhuma namorada. Márcia: Ele tem namorada sim. Lindalva: É. Ele pediu para "ficar" com a menina. Márcia: A menina é cabeça fraca. Lindalva: É. Meus sobrinhos só pensam em sexo.	• As disputas das relações extrafamiliares, com a possibilidade de desenvolvimento da sexualidade dos membros da família, parece afetar a família como um todo, pois estão sempre preocupados e falando da sexualidade uns dos outros.	• Trabalhar como a família lida com a sexualidade de cada um de seus membros e de como esse despertar dos relacionamentos extrafamiliares afetam os membros de toda a família, pois eles sempre precisam desquali-ficar outras pessoas.
• Márcio: Minha tia sabe criticar os filhos dos outros e deixa seus filhos fazer o que quiserem. Márcia: Ela acha que o filho tem que ser igual ao pai.	• A família é crítica com outras pessoas, mas não aceita críticas.	• Trabalhar a dificuldade que toda a família tem de perceber como também são críticos em relação aos outros e mesmo entre si.

Discurso da Família	*Hipótese*	*Objetivos Terapêuticos*
• Lindalva: Essa tia tinha inveja de mim, porque o Josimar me libera.	• Lindalva sente que o marido não impõe obstáculos às suas realizações, pois tem autonomia para sair e fazer o que quiser.	• Trabalhar a relação marital.
• Márcio: Ela critica minha mãe que me deixou sair quando eu fui operado. Márcia: Essa minha tia nós chamamos de "Lurdinha Figueroa", é muito metida. Não vive com ninguém.	• Há dificuldades de diferenciação dentro da família.	• Trabalhar a dificuldade de se diferenciarem uns dos outros (fora e dentro da família). Trabalhar a relação entre pai e filhos e entre os irmãos.
• Márcia: O Ivo mudou. Agora ele até brinca com a gente.	• O relacionamento entre Ivo e seus familiares está sendo mais satisfatório.	• Conotar positivamente essa mudança e essa percepção da família em relação ao Ivo.

Discurso da Família	*Hipótese*	*Objetivos Terapêuticos*
• Lindalva: Ivo acha que ninguém gosta dele. Só que ele aprontou muito quando trabalhou com o pai. E que o Ivo, também, já sofreu muito. A filha do primeiro casamento do meu marido maltratava muito ele, e o pai também o rejeitou. Quando o Josimar soube que eu estava grávida ele quis que eu abortasse para que seus filhos não descobrissem que nós já estávamos casados. Depois, como eu não abortei, ele quis que eu o desse quando ele nasceu, mas eu não aceitei, mesmo ele brigando. Por isso ele desprezava o filho e o maltratava.	• Há dificuldades no relacionamento do casal entre si e entre o pai e o filho Ivo. Lindalva culpa a atitude do marido, em relação ao filho, como sendo responsável pelas dificuldades que Ivo tem encontrado em sua vida.	• Trabalhar as dificuldades de relacionamento entre pai e filho e a relação marital que aparece envolvida nessa triangulação (pai-mãe-filho). Trabalhar a dificuldade da mãe em lidar com essa situação e como ainda se sente magoada em relação ao marido e como o culpa pela situação atual de Ivo.
• Lindalva: A Neusa, primeira filha do meu marido, é muito revoltada, pois descobriu em que circunstâncias a mãe morreu. Ela foi morta por um tiro acidental disparado por seu filho. E depois pelo casamento de seu pai comigo, que ela pensava ser a empregada.	• Foi difícil para Josimar e Lindalva assumir o casamento perante os filhos de Josimar, e essa dificuldade trouxe vários transtornos que se mantêm até hoje.	• Trabalhar as dificuldades do casal em assumir o casamento e a lidar com os filhos do primeiro casamento, em integrá-los à nova situação.

Discurso da Família	*Hipótese*	*Objetivos Terapêuticos*
• Lindalva: No início do nosso casamento aconteceram várias traições por parte dele e por várias vezes nós quase nos separamos.	• O casal viveu crises em seu relacionamento marital, que não foram totalmente solucionadas e interferem no relacionamento familiar atual.	• Trabalhar a relação marital e como a mãe ainda se ressente das atitudes do pai em relação ao casamento e como isso tem influenciado na família até hoje.
• Lindalva: Eu quero crescer como pessoa, por isso no início do ano que vem eu quero voltar a estudar. Quem sabe assim eu posso ganhar mais e melhorar de vida.	• Lindalva tem expectativas quanto ao seu desempenho profissional e tem demonstrado interesse em progredir.	• Incentivá-la em suas aspirações profissionais para que possa se desenvolver mais adequadamente.

5ª Sessão

• Foi realizado o genograma da família.	• Como existiram muitas dificuldades no início do casamento de Josimar e Lindalva, devido ao casamento anterior de Josimar, fazendo o genograma poderíamos encontrar alguma ligação com essas dificuldades vividas com sua família de origem que pudesse estar prejudicando a formação da nova família.	• Ao usar o genograma poderíamos encontrar as inter-relações com a família de origem e observar a presença de muitos acontecimentos importantes, identificações, nomes, datas, enfim, tudo que nos desse uma visão geral da estrutura dessa família.

Discurso da Família	*Hipótese*	*Objetivos Terapêuticos*
• Ivo: No meu trabalho tudo está indo bem. Não estou gostando muito, mas tenho que me conformar, pois é um início. Eraldo: Eu não estou mais fazendo "xixi" na roupa, e esta semana não precisei ir ao banheiro da escola durante as aulas nenhuma vez. Ah! Eu fiz aniversário e queria bolo.	• Ivo e Eraldo estão podendo resolver suas dificuldades e estão podendo ampliar seu campo de relacionamento e ação.	• Apoiar Ivo a continuar investindo em seu crescimento e aproveitar a experiência para poder ampliá-la no futuro. Que Eraldo possa continuar em sua evolução, rumo à independência, podendo ter um controle cada vez maior sobre a situação. Trabalhar junto a família para verificar como organizam os aniver-sários de seus membros e qual a importância desse fato para Eraldo.
• Lindalva: Como estou de férias levei o Eraldo ao neurologista, que o medicou por um mês com calmantes devido ao seu nervosismo, roer unhas e chupar o dedo. Mesmo o remédio dando sono ele está conseguindo acordar cedo e ainda está fazendo os serviços de casa para mim, bem como arrumando seu almoço. Márcio: É. O Eraldo está ajudando muito em casa.	• Lindalva está podendo ter um melhor desempenho em suas funções parentais.	• Apoiar a mãe em suas funções maternas e em sua preocupação com a problemática de Eraldo e como tem agido para apoiá-lo.

Discurso da Família	*Hipótese*	*Objetivos Terapêuticos*
• Eraldo: Eu tenho muitas dificuldades em leitura, pois não tenho vontade nem gosto de estudar. Minhas notas estão todas com C. Márcio: Eu também vou mal na escola, já reprovei duas vezes: uma na 2ª e outra na 5ª série. Tenho dificuldades.	• Eraldo e Márcio apresentam dificuldades em seu desempenho escolar.	• Trabalhar para poder ajudar Eraldo e Márcio a ter um desempenho escolar mais satisfatório.
• Eraldo: Eu tenho três gatos e pintei o macho de cor-de-rosa. Lindalva: Eu não gosto nada disso, esses desvios sexuais. Eu não aceito a homossexualidade. Acho muito errado esse tipo de comportamento.	• Lindalva tem expectativas quanto ao desenvolvimento sexual de seus filhos e teme que possa haver algum desvio sexual entre eles.	• Ajudá-la a entender seus receios para que possa compreender o que acontece com seus filhos e possa ajudá-los em seu desenvolvimento biopsicossexual, sem antecipar resultados que a preocupem.
• Márcio: Existem pessoas que são homossexuais por conveniência, como dois vizinhos nossos que foram tratados como meninas. Márcia: É isso mesmo. Lindalva: A mãe desse menino é que não soube educá-lo. Ela é muito bobona e não sabe corrigir.	• Há, na família, preocupações quanto ao desempenho sexual de seus membros.	• Trabalhar os preconceitos que todos os membros da família possuem sobre sexualidade. Trabalhar as atitudes que a mãe considera positivas para que ela possa orientar seus filhos, para que possa sentir-se qualificada a elevada na hierarquia familiar.

Discurso da Família	*Hipótese*	*Objetivos Terapêuticos*
• Lindalva: Hoje em dia vêm ocorrendo muitos problemas com drogas e eu fico muito feliz por nenhum dos meus filhos ter tido esse tipo de problema. Eles nem fumar, fumam.	• Lindalva mostra-se preocupada com o desenvolvimento de seus filhos, pois teme que algo possa dar errado.	• Ajudar a mãe a compreender o desenvolvimento positivo de sua família. Ajudá-la a perceber a nova fase de evolução dos filhos adolescentes para que possa auxi-liá-los em seu processo de independência e maturação.
• Lindalva: Em casa há diferenças religiosas. Nós somos católicos e os filhos do primeiro casamento de Josimar são crentes. Isso os distanciou ainda mais lá de casa. Eles não aceitam o casamento do pai. Josimar: No meu primeiro casamento eu casei na igreja. Eu tinha 20 anos e ela tinha 17 anos. Eu a roubei de casa. Levou oito anos para voltarmos a ver nossa família. No segundo casamento só cumpri a parte legal. Eu tenho problemas com meus dois primeiros filhos. Até hoje, eles não me aceitam bem.	• Há dificuldades na família para conviver com as diferenças individuais.	• Que possam perceber e respeitar as diferenças individuais, sem encará-las como agressões a eles. Trabalhar as crenças e os mitos que existem na família. Trabalhar a dificuldade de adaptação que existe entre as duas famílias.

Discurso da Família	*Hipótese*	*Objetivos Terapêuticos*
6ª Sessão Obs.: Lindalva e Ivo faltam à sessão.		
• Eraldo: Eu não estou mais fazendo "cocô" nem "xixi" fora de hora. Estou até meio ressecado.	• Eraldo está tendo um controle maior sobre si, não está mais na posição de paciente identificado (PI).	• Terapeutas o apóiam, conotando positivamente seu autocontrole, de modo que possa tornar-se cada vez mais auto-suficiente.
• Eraldo: O meu pai me chama de Márcio. Márcio: É. E por isso eu acabo sobrecarregado. Eu sei que a coisa não é comigo, mas como o pai confunde os nomes o Eraldo se aproveita disso e não faz nada. Josimar: A Lindalva sempre escolheu os nomes. Eu não gostava do nome "Ivo" queria "Dárcio". Eraldo: Ah! Eu já gosto do nome Ivo, porque Dárcio ficaria muito parecido com Márcio.	• Há dificuldades na família de diferenciação entre seus membros.	• Trabalhar para que Eraldo não responda quando for chamado de Márcio, pois realmente não é o Márcio e ao responder por ele está se enganando. Que ele ajude o pai a diferenciá-los e a se acostumar a chamá-lo de Eraldo.

Discurso da Família	*Hipótese*	*Objetivos Terapêuticos*
• Márcio: O pai fica sempre afastado da gente, ele não se interessa por nossos problemas.	• Há dificuldade do pai em se relacionar afetivamente com seus filhos.	• Trabalhar para aproximar o pai afetivamente de seus filhos. Que o pai possa perceber sua qualificação para realizar mais adequadamente suas funções parentais.
• Josimar: Ela se afastou de mim, e eu também, acabei me afastando dela e de meus filhos. Dos meus parentes eu também estou distanciado. Já a Lindalva é o contrário de mim. Ela é muito ligada em seus parentes. Vai muito na casa deles. Mesmo eu não indo ela vai sozinha. No início isso me incomodava, mas depois acabei deixando de lado e vendo se ela se tocava.	• As dificuldades de relacionamento entre o casal os distanciaram em suas funções maritais bem como em suas funções parentais.	• Trabalhar com o casal o seu distanciamento marital e mostrar como o pai se ressente desse fato. Que o pai possa perceber as diferenças pessoais entre ele e a mulher e como ele se retrai socialmente e como fica incomodado com a maior facilidade de relacionamentos sociais e afetivos que a esposa demonstra ter.

Discurso da Família	*Hipótese*	*Objetivos Terapêuticos*
• Josimar: Eu ando doente. Já venho me tratando de três anos para cá. Até em macumba eu já me tratei, mas não gostei, pois percebi que as pessoas que trabalham lá no centro são muito “trambiqueiras”, até parecem com os parentes da Lindalva que também são uns “trambiqueiros”. Não gosto disso.	• Josimar tem dificuldades em lidar com seus sintomas. Demonstra ter dificuldades de se relacionar afetivamente com a esposa e dizer o que o incomoda em seu relacionamento.	• Ajudá-lo a lidar com suas dificuldades, elevando-o em sua competência. Ajudá-lo a ver aspectos mais positivos em sua vida.
• Josimar: Tem muitas festas lá na família da Lindalva. Ela sempre foi com as crianças e pernoitava e isso me desagradava muito.	• Josimar demonstra ter dificuldades de relacionar-se socialmente com a família de origem de Lindalva.	• Ajudá-lo a compreender as diferenças pessoais da esposa, sem precisar de similaridade por parte dela. Que ele possa perceber que ser diferente não é errado. Que ele possa compreender esse fato até que perceba suas dificuldades de relacionamentos sociais.

Discurso da Família	*Hipótese*	*Objetivos Terapêuticos*
7ª Sessão		
• Márcio: Nós queremos fazer um teste vocacional. Eraldo: Seria bom ver pra que é que a gente serve. Márcia: Não sei ao certo que faculdade fazer. Lindalva: Até eu quero estudar.	• Há interesse por parte da família em evoluir e progredir tanto no aspecto pessoal como profissional.	• Ajudá-los a se integrar e a se definir profissionalmente, trabalhando suas expectativas escolares e profissionais.
• Lindalva: O Eraldo recebeu elogios da professora. Ele realmente melhorou depois que começou a fazer a Terapia Familiar Breve.	• A família pôde evoluir e solucionar os sintomas de Eraldo que era o paciente identificado (PI).	• Reforçar positivamente o envolvimento de toda a família na intenção de ajudar Eraldo de modo que também perceba que todos foram beneficiados com esse atendimento familiar.
• Lindalva: Ninguém está querendo me ajudar nas tarefas domésticas e com isso eu tenho ficado sobrecarregada.	• Que Lindalva possa distribuir as tarefas domésticas entre seus filhos de maneira equilibrada, para que todos possam realizá-las sem que ninguém fique sobrecarregado.	• Trabalhar para que a família possa fazer uma lista com atribuições para que todos dentro dos seus limites e possibilidades possam realizar a sua parte da tarefa.
• Márcia: Eu vou fazer a lista para distribuir as tarefas para todo mundo.	• Márcia tenta organizar as tarefas da família, ocupando o lugar da mãe.	• Que Lindalva possa assumir suas funções parentais sem atribuí-las à filha Márcia.

Discurso da Família	*Hipótese*	*Objetivos Terapêuticos*
8ª Sessão		
• Márcia: Eu fiz a lista. Não incluí o Ivo porque ele está trabalhando fora o dia inteiro. Lindalva: Todos concordaram e vão fazer. O Eraldo melhorou muito na escola e o Ivo está indo muito bem no trabalho.	• Os membros da família estão mais tranqüilos e integrados, podendo melhorar o relacionamento entre si.	• Trabalhar como cada um pode ajudar o outro e como pode conservar a sua individualidade, sendo responsável por ela. Que eles possam perceber que esse tipo de ação traz um maior equilíbrio e entrosamento dentro da estrutura familiar. Conotá-los positivamente para que percebam como estão podendo tornar-se mais independentes e responsáveis por suas ações.

Discurso da Família	*Hipótese*	*Objetivos Terapêuticos*
9ª Sessão		
• Márcia: A mãe faltou hoje, porque teve que fazer uma feijoada lá onde ela trabalha. Terapeuta: Como foram as realizações das tarefas? Eraldo: Foram bem. Eu fiz tudo o que combinei e depois ainda ajudei o Márcio a terminar o dele. Márcio: Tem coisa que é difícil porque a gente não tava acostumado. Josimar: Eles fizeram tudo, ninguém precisou cobrar. O Eraldo melhorou muito. Está outro. Mas esses aí também estão bem melhores. Já não brigam mais. Conseguem falar com a gente sem gritar. Tudo está bem melhor. Até a Lindalva está mais calma.	• Está havendo uma diferenciação entre os membros da família de forma que eles mesmos estão conseguindo se organizar e podendo criar seus próprios limites e espaços.	• Conotá-los positivamente e incentivá-los em sua independência e individuali-zação. Que eles possam, individualmente ou como um todo, coordenar o trabalho da casa e as suas necessidades pessoais.

Discurso da Família	*Hipótese*	*Objetivos Terapêuticos*
• Terapeutas: A semana que vem é a nossa última sessão. Como vocês gostariam que ela fosse? Márcia: Poderíamos fazer uma brincadeira de amigo secreto. Márcio: É mesmo. É uma boa idéia. Eraldo: Nós podíamos fazer uma festinha, onde cada um prepararia seu próprio prato para trazer aqui. Josimar: Ótima idéia. Vocês estão me saindo melhor que a encomenda.	• Os membros da família estão se sentido mais seguros e independentes, por isso estão tendo maior facilidade em decidir o que querem, respeitando a opinião de cada um.	• Permitir que cada um possa exprimir livremente o que sente e pensa. Que possam respeitar-se e respeitar o outro, havendo uma maior integração e harmonia no ambiente familiar.
10ª Sessão		
• Todos compareceram e trouxeram seus "pratinhos". Comentaram como foi para realizarem essa "atividade" e como estavam satisfeitos com a Terapia Familiar Breve.	• A família pôde evoluir como um todo durante a Terapia Familiar Breve.	• Conotar positivamente seu empenho para que pudessem ver o quanto eles investiram e acreditaram em suas possibilidades. Foram parabenizados e incentivados a prosseguir no desenvolvimento de suas próprias vidas. Foi dada como encerrada a Terapia Familiar Breve.

IV. Posição de cada membro da família ao final da Terapia Familiar Breve

Pai

- Mais integrado na família, fazendo com que os filhos pensem em trabalhar.
- Pensando em ampliar o seu trabalho como autônomo.
- Querendo que os filhos assumam responsabilidades por tarefas familiares sem necessitar lembrá-los ou cobrá-los.
- Entendendo melhor o trabalho da mãe e não mais a culpando pelas dificuldades dos filhos, principalmente do Eraldo.
- Pensando em integrar o Eraldo em seu trabalho na feira.
- O relacionamento com os filhos melhorou muito. Ele tornou-se mais afetivo e companheiro, principalmente de Ivo.
- Pensando em apoiar os filhos maiores (Ivo e Márcio) em seu propósito de obterem carta de habilitação).

Mãe

- Continuando a trabalhar fora.
- Pensando em voltar a estudar para ampliar suas possibilidades profissionais.
- Atribuindo algumas funções para os filhos (como cuidar das tarefas domésticas e preparar o almoço e o jantar).
- Apoiando o filho Eraldo na sua melhora.
- Apoiando Ivo em sua volta à escola e em seu novo trabalho.
- Com dificuldades com Márcia em relação a seu namoro, pois não o aceita.
- Passa a acompanhar mais de perto o desenvolvimento escolar dos filhos, ajudando, dando idéias e interessando-se pelos conteúdos das disciplinas que eles estão cursando.

Ivo

- Voltando a trabalhar.
- Voltando a estudar.
- Podendo relacionar-se mais afetivamente com os irmãos. Preocupando-se com a adaptação de Eraldo.
- Conversando mais em casa com a família e podendo sair com os amigos.

- Está começando um namoro e isso o incentiva.
- Relacionando-se melhor com o pai, podendo conversar sem sentir-se agredido nem agredir.
- Mais crítico, tendo um bom contato com a realidade à sua volta.

Márcia

- Continuando o seu namoro (mesmo sem a aprovação da mãe).
- Continua a trabalhar com o pai.
- Pensando em prestar vestibular (em Pedagogia).
- Querendo arrumar outro emprego que seja mais condizente com a sua perspectiva profissional.
- Pensando em tornar-se independente economicamente.
- Podendo valorizar mais o trabalho da mãe e do pai sem criticá-los.
- Podendo relacionar-se melhor com os irmãos e ajudando nas distribuições das tarefas domésticas.

Márcio

- Estudando na 5ª série.
- Trabalhando com o pai.
- Com uma ligação mais intensa com a sua família.
- Mais compreensivo com Eraldo não lhe cobrando tanto as coisas.
- Muito ligado à irmã Márcia, demonstrando ciúme de seu namorado.
- Podendo aparecer as suas dificuldades escolares.
- Pensando em namorar.

Eraldo

- Desaparecendo o problema da enurese.
- Tendo maior controle em seus problemas com a urina, podendo pedir para a professora quando sente necessidade de sair da aula.
- Tomando medicação neurológica para resolver seus problemas quanto ao sono agitado, enurese, roer unhas, chupar o dedo e nervosismo.
- Podendo desenvolver atividades domésticas para auxiliar a mãe e a família como um todo e relacionando-se melhor com os irmãos.
- Pensando em trabalhar com o pai na feira.
- Melhorando suas notas na escola, conseguindo recuperar-se.

- Passando a ler um maior número de revistas para desenvolver-se e melhorar suas dificuldades de leitura.

Em suma, diante desse quadro de evolução, concluímos que a família estava conseguindo manter um bom nível de comunicação entre si. Estavam bem integrados, de forma mais equilibrada. Trabalhamos esse desenvolvimento e finalizamos a Terapia Familiar Breve.

Família nº 2 — "Miranda"

I. Histórico

1. Genograma

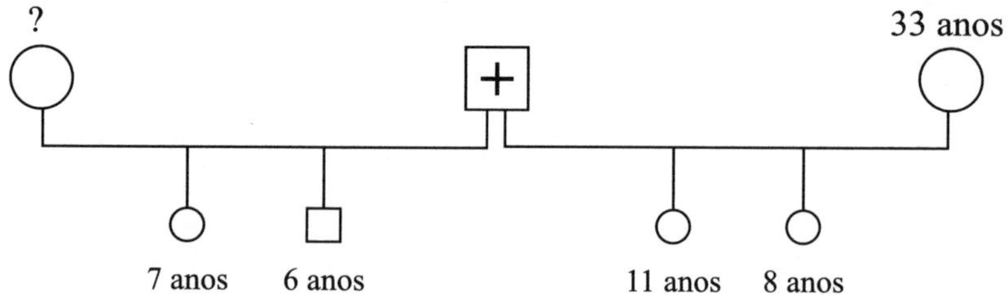

A família é composta pela mãe, Laura, com 33 anos, que trabalha como auxiliar contábil, pelo pai, falecido há cinco anos, pelas filhas Carina, de 11 anos, estudando a 5ª série do primeiro grau e Denise, de 8 anos, estudando a 2ª série do primeiro grau. Fazia já três anos que o casal estava separado quando o pai veio a falecer. Este havia constituído nova família e tinha outros filhos: uma menina de 7 anos e um menino de 6.

2. Queixa

• A família foi encaminhada para Terapia Familiar Breve após a filha Carina ter passado por psicodiagnóstico.

• A queixa inicial foi a enurese de Carina e o fato de ela chorar muito e ficar depressiva em virtude de constantes brigas da avó com a mãe e com ela própria.

• O motivo do encaminhamento para a terapia familiar foi a necessidade de ser trabalhada a dificuldade da mãe em lidar com sua própria mãe, de diferenciar-se dela, tornar-se independente e poder assumir o papel de mãe perante as filhas, com as quais tinha dificuldades de relacionar-se.

• O objetivo da psicoterapia seria então trabalhar, nessa nova família composta por 3 pessoas, a relação que a mãe estava tendo com as filhas e com sua própria mãe. A mãe concordou e aceitou e a terapia iniciou-se a partir daí.

II. O que está acontecendo com a família

• Foram realizadas 12 sessões, nas quais houve apenas uma falta, comunicada com antecedência.

• A família morava na casa da avó materna, para onde havia se mudado após a separação do casal.

• Havia dificuldades de relacionamento entre eles. A avó discutia muito com a mãe e com Carina.

• A mãe sentia-se desacatada por sua própria mãe que não a respeitava em seu papel de mãe e chefe da família e a culpava de inconseqüente porque ela não aceitava seu namoro com Sílvio, dez anos mais novo do que ela.

• A situação piorou quando a avó trouxe uma amiga sua para morar com a família sem consultar ninguém. As tensões se intensificaram e Laura começou a pensar em uma possível mudança.

• Essa expectativa acaba causando muita ansiedade nas filhas, principalmente em Carina, que tem seus sintomas intensificados.

1. Hierarquia

• Em um primeiro momento quando a família passa a residir com a avó materna, o sistema parental passa a ter a avó como líder, ficando a mãe e as filhas na posição de subsistema fraternal.

Exemplo: A avó cuidava integralmente das crianças enquanto Laura trabalhava e estudava.

Avó
Mãe, Carina, Denise

• Em um segundo momento começa a aparecer o conflito entre a avó e Laura que tenta assumir a posição parental e voltar a cuidar de suas filhas.

Exemplo: Tirando a responsabilidade de sua mãe olhar as filhas e colocando-as em uma creche.

Exemplo: Comprando um apartamento.

Exemplo: Voltando a cozinhar.

Mãe ——— | |——— Avó
___
Carina, Denise

• Em um terceiro momento, temos Laura em conflito com sua mãe, ambas ocupando a posição parental e cuidando de Carina, mantendo Denise distanciada da família.

Mãe ——— | |——— Avó | Denise
___
Carina

• Em um quarto momento, temos Laura afastando a sua mãe do relacionamento familiar. mantendo com Carina uma posição parental e ambas cuidando de Denise na sua posição de filha.

Exemplo: A mãe desabafando com Carina e pedindo conselhos a ela.

Mãe ══════ Carina | Avó
___
Denise

• Em um quinto momento, após a mudança de residência de Laura e das filhas para o apartamento, há a tentativa de Laura de unir-se a Sílvio em uma posição parental, cuidando de Carina e de Denise como filhas, enquanto a avó permanece distanciada do relacionamento familiar.

Sílvio ——————— Laura | Avó
___
Carina, Denise

• Em um sexto momento, temos Sílvio não conseguindo se manter em uma posição parental e acaba se distanciando de Laura. Esta por sua vez cuidando das filhas sozinhas.

Laura | Sílvio
___
Carina, Denise

• Em um sétimo momento, já no término da terapia, Laura percebe mais claramente suas responsabilidades em relação às filhas. Enquanto mãe, pode reclamar a falta que o marido faz enquanto pai de suas filhas e mostra como ainda sente sua falta, não conseguindo relacionar-se mais profundamente com Sílvio por esse motivo.

Laura	Sílvio
Carina, Denise	

2. *Seqüências de interações*

• A avó pensa e fala por todos, entra em conflito com sua filha Laura quando esta quer impor determinadas regras em relação aos cuidados dispensados às filhas Carina e Denise.

• Quando Carina faz "xixi" na cama tem que acordar 15 minutos mais cedo para tomar banho e quando não o faz pode acordar no horário.

• Laura coloca mamadeira todos os dias às 4 horas da manhã na boca de Denise.

• Carina tem que ir todas as quartas-feiras ao catecismo, mesmo sem querer.

• Todos têm que ir à missa uma vez por semana.

• Quando os sintomas de Carina se intensificam, a avó culpa a mãe por achar que ela não sabe cuidar da filha. Laura sente-se realmente culpada e sem saber o que fazer.

• A avó não aceita o namoro da filha e briga com ela. O ambiente familiar fica tenso, elas deixam de se conversar e a avó passa a agredir também a neta Carina.

• A avó traz uma amiga para morar junto com elas. Sua filha não aceita e sai de casa com Carina e Denise: passam a morar sozinhas. A avó se sente abandonada e reclama na justiça essa atitude da filha.

• A filha Carina fica muito angustiada com a situação e tenta ajudar a mãe nos cuidados com Denise.

• Laura aos poucos consegue se equilibrar e passa a cuidar das filhas, que estão mais tranqüilas e se relacionando bem entre si.

3. *Limites*

• É uma família aglutinada, em que ninguém assume o seu papel. Não respeitam a privacidade uns dos outros.

Exemplos:

A avó não permitindo que os amigos da mãe e das netas entrem em sua casa.

A avó não permitindo que Sílvio vá à sua casa para namorar Laura.

A avó não permitindo que a mãe cuide da casa.

A mãe não permitindo que as filhas digam clara e abertamente o que sentem na relação familiar.

4. Alianças

Denise — Avó

• Quando Denise não quer que briguem com a avó.

• Quando a mãe insiste em que Denise pode falar que gosta da avó, que ela não vai ficar chateada com isso.

• Quando Denise quer que a avó more junto, ficando preocupada por ela ficar sozinha.

Mãe — Carina

• Quando a mãe pede conselhos a Carina.

• Quando desabafa com a filha Carina.

• Quando pede para Carina que guarde segredo de certos assuntos de Denise e da avó.

• Quando Laura é solidária e compreensiva com o problema de enurese da filha Carina.

• Quando pede a Carina que cuide de Denise e a busque na escola.

Denise — Carina

• Quando Denise a apóia em seus inter-relacionamentos e quer ensiná-la a fazer amigos.

• Quando Carina leva Denise para a escola e a busca na saída, arrumando almoço e janta para ela.

• Quando ambas saem para brincar com as amigas de Carina.

• Quando Carina atrasa o relógio para as amigas não irem embora e Denise a encobre.

5. Complementaridade

• A avó se mantendo em uma posição de competente na hierarquia familiar e a filha se desqualificando em sua posição parental para permitir que a sua mãe se mantenha competente.

6. Flexibilidade — Rigidez

• Dificuldades de Laura de tornar-se independente da relação que mantinha com a mãe, não conseguindo conversar com ela, nem colocar seus limites, nem falar de seus ideais.

• Necessidade de diferenciar-se da mãe.

• Necessidade de criar seu espaço, ter seu próprio apartamento.

• Não conseguindo contar sobre suas intenções de mudar-se de residência, faz essa mudança às escondidas, sem avisar a mãe.

7. Comunicação

• Dificuldade de Laura em falar claramente o que quer com as filhas ou mesmo com a mãe, comunicando-se com as crianças através de recados e não permitindo a expressão verbal delas. Com relação à mãe, cala-se e age às escondidas.

• Evitando falar dos conflitos em casa e usando a sessão para comunicar decisões. Ex: Aproveitou uma das sessões para comunicar à filha Carina que iria mudar naquele fim de semana, mas que Denise não deveria saber, pois poderia contar à avó.

• Não conseguindo falar com Sílvio sobre suas intenções de esconder da mãe o fato de que vai mudar-se.

• Escondendo de Sílvio que a mãe movia um processo contra ela e, quando, por fim, ele soube, impedindo-o de participar

(a avó estava exigindo de Laura uma pensão alimentícia, alegando que não tinha recursos para manter-se).

8. Ciclo Vital

• Laura está tendo dificuldades em assumir que suas filhas estão crescendo. Não consegue colocar-se na posição parental. Sente dificuldades para diferenciar-se de sua própria mãe e nessa tentativa acaba agredindo-a e rompendo com ela.

• Laura tem dificuldades em posicionar-se como "mãe-adulta", não conseguindo individualizar-se adequadamente e acaba colocando a filha mais velha em posição de igual, fazendo uma aliança prejudicial à filha, que acaba apresentando conflitos como uma forma de também se identificar.

9. Coalizões

• Laura rompe com sua mãe, trazendo discórdias e distanciando as netas da avó, principalmente Denise, pois não permite que ela expresse seu afeto pela avó.

10. Triangulações

• Laura em conflito com a mãe e ligada às filhas.

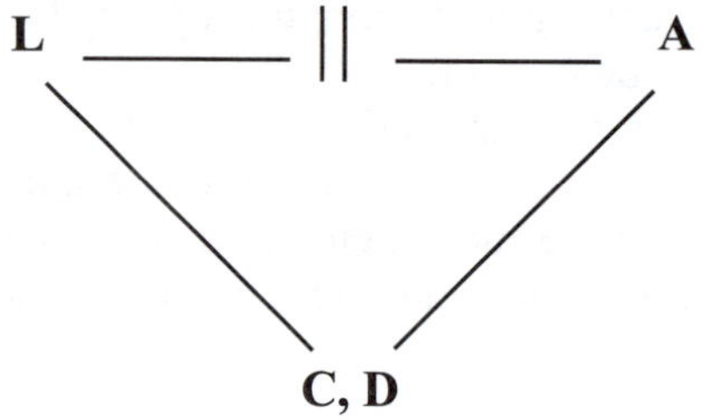

• Avó superenvolvida com Denise, em conflito com Carina e Carina ligada a Denise.

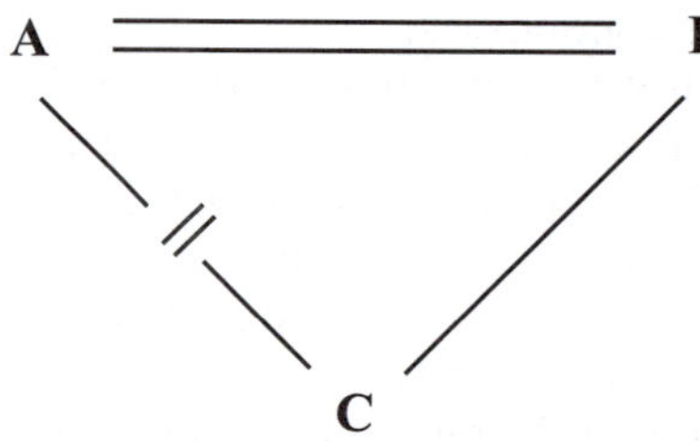

• Laura superenvolvida com Carina, ligada a Denise e Denise superenvolvida com a avó e superenvolvida com Carina.

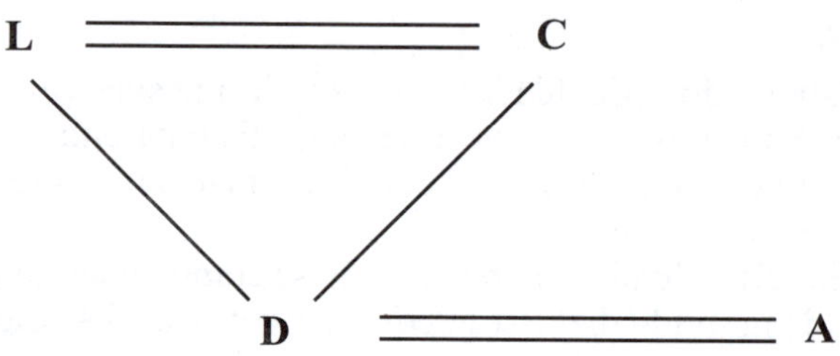

11. Tarefas

• Foi pedido (3ª sessão) à família que durante a sessão desenhasse a "planta de sua casa" a fim de verificarem-se os limites dentro da família, a posição que cada um tinha dentro da casa, como eram usados os espaços, como se dava a liderança e como era vivida a hierarquia dentro dessa família.

• Foi pedido à família que durante a sessão (5ª sessão) desenhasse três portas e as numerasse de 1 a 3 e depois imaginassem o que encontrariam ao abrir cada porta. Depois que as pessoas imaginassem que as portas representavam o passado, o presente e o futuro, e de que forma essas coisas poderiam estar relacionadas com suas vidas. Com essa tarefa, tinha-se o objetivo de fazer com que a família pudesse recordar situações passadas, posicionando-se no presente e levantando suas expectativas futuras. Pensamos em trabalhar as situações conflituosas de maneira mais adequada, que possibilitasse uma independência maior de todos os membros da família sem necessitar de rompimentos diádicos. Que Laura pudesse trabalhar suas dificuldades, tanto no papel de mãe, como no papel de filha.

• Foi realizada durante a sessão (7ª sessão) uma dramatização com a família, de forma que Carina pudesse ampliar o seu inter-relacionamento com futuras amizades, já que se queixava de não conseguir relacionar-se e Denise dizia saber fazer amigos. Os terapeutas pediram, então, a Denise e à mãe que mostrassem para Carina como é que ela poderia fazer para apresentar-se a novos amigos.

• Foi solicitado (9ª sessão) para que cada um realizasse um presente para a mãe, com a intenção de fazê-las perceber o relacionamento que tinham com a sua mãe e vice-versa.

• Foi pedido (12ª sessão) à família que imaginassem que teriam que fazer uma viagem e pensassem "o que iriam levar?" para que pudessem trabalhar e perceber as mudanças ocorridas no período da terapia familiar. Uma forma de verificarmos o desenvolvimento da terapia.

III. O que se trabalhou com a família

1. Temas trabalhados durante a Terapia Familiar Breve

• Trabalhou-se a dificuldade de Laura em relacionar-se com suas filhas em assumir uma posição parental.

• Trabalhou-se a dificuldade de Laura em relacionar-se com sua mãe e independer-se como pessoa adulta, mãe de suas filhas, sem precisar romper o relacionamento com sua mãe ou mesmo agredi-la.

• Trabalhou-se para que Laura pudesse ser elevada na hierarquia familiar.

• Trabalhou-se a dificuldade de comunicação na família, para que seus integrantes pudessem falar diretamente sobre os conflitos, sem necessitarem de intermediários ou de formarem sintomas.

• Trabalhou-se para que a família pudesse se expressar afetivamente.

• Trabalhou-se a função do sintoma de Carina e a necessidade que a família tinha de ter um paciente identificado (PI).

• Trabalhou-se para tirar Carina da posição de filha parental.

• Trabalhou-se a possibilidade de mudanças da família (mudar de residência), que pudessem ser algo que a levasse para uma independência e não uma fuga.

• Trabalhou-se a dificuldade de separação que estava existindo para a família como um todo.

• Trabalhou-se com Laura a dificuldade que estava apresentando em permitir que suas filhas ficassem independentes e se diferenciassem. Que ela percebesse que não havia necessidade de similaridade.

• Trabalhou-se para que a família pudesse respeitar os limites e as possibilidades de cada um.

• Trabalhou-se para que Laura pudesse entender sua dificuldade de tornar-se independente de sua mãe sem necessitar abandoná-la por isso. Que percebesse que abandono não é independência e que ajuda não é dependência.

2. *Trabalho realizado durante cada sessão*

Discurso da Família	*Hipótese*	*Objetivos Terapêuticos*
1ª Sessão		
• Laura: Como você sabe, eu sou viúva, tenho duas filhas e moro com a minha mãe. Ela toma conta das meninas porque eu trabalho o dia todo e estudo à noite. Tenho aula de sábado tenho que cuidar da roupa. É uma correria. Bem dizer, minha mãe faz tudo. Só que ela tem um gênio difícil e ultimamente só para me pressionar ela não fala comigo, não pergunta do apartamento que eu estou comprando e além disso colocou uma estranha para morar lá em casa sem falar nada conosco. Simplesmente chegou uma tarde e falou: "Esta é minha amiga Antonia e ela vai morar aqui com a gente. Vai ficar no meu quarto".	• Laura mantém uma relação de dependência com sua mãe e tem dificuldades para assumir suas funções parentais deixando que sua mãe as assuma por ela.	• Ajudar Laura a ser mais independente e a poder assumir suas funções parentais cuidando de suas filhas.

Discurso da Família	*Hipótese*	*Objetivos Terapêuticos*
• Carina: Eu vou falar bastante aqui, agora. Laura: A vida é tão corrida que não dá tempo nem da gente conversar. Eu antes de sair para trabalhar costumo deixar bilhetes para orientá-las para as atividades do dia.	• Laura tem dificuldades para exercer suas funções parentais, bem como para ter uma comunicação direta com suas filhas.	• Ajudar Laura para que ela possa aprender a se comunicar direta e francamente com as filhas, de modo que os bilhetes passem a ser utilizados como um recurso suplementar e não um substituto da comunicação verbal entre ela e as filhas.
• Carina: Antes eu fazia "xixi" na cama. Aí quando eu vim aqui, parei. Fico esse tempo todo sem fazer. Eu estou mesmo parando. Começou um pouco depois do dia 21 de fevereiro, mas eu percebo que agora está diminuindo de novo.	• Quando as tensões na casa de Carina ficam intensificadas por causa das brigas entre sua mãe e sua avó, o sintoma da enurese retorna.	• Trabalhar com a família a função do sintoma de Carina para poder ajudá-la e permitir que outras dificuldades que a família está vivendo possam aparecer mais abertamente e possam ser discutidas e solucionadas.
• Carina: Eu parei de mamar. Agora estou comendo com garfo e faca. Denise: Eu também estou comendo mais. Deixei a mamadeira, já como coisas mais salgadas e com a colher.	• Carina e Denise estavam mantendo um comportamento abaixo do esperado para a sua idade. Mostravam-se regredidas e dependentes.	• Conotar positivamente essas mudanças pois rumam para uma maior independência e diferenciação.

Discurso da Família	*Hipótese*	*Objetivos Terapêuticos*
• Laura: Denise come muito pouco. Por isso costumo dar-lhe uma mamadeira às 4:30 da manhã antes de ir trabalhar, enquanto ela está dormindo. Assim ajuda a fortalecê-la.	• Com sua atitude Laura demonstra querer manter a filha em uma posição de dependência, pois a mantém em um comportamento muito aquém daquele próprio de sua idade.	• Ajudar Laura a modificar sua atitude manipuladora, encorajando-a a facilitar o processo de independência e diferenciação de suas filhas.
• Laura: O apartamento que comprei já está pronto. Ele é superbonitinho, mas dá uma angústia pensar em mudar. Não quero nem pensar como vai ser quando eu for sair lá de casa. Mas no apartamento novo tudo vai melhorar. Carina: A gente passa aí pela rua e já vê as pessoas todas se mudando.	• A família está em conflito perante a perspectiva de mudança para o novo apartamento ao mesmo tempo em que idealiza essa mudança como solução para todos os seus problemas. Laura teme assumir sua posição parental perante filhas.	• Discutir com a família sobre a mudança de modo que todos percebam os benefícios e as dificuldades que surgirão. Que Laura e as filhas possam pensar na mudança sem o significado de um rompimento afetivo com a avó.
2ª Sessão		
• Carina: Todos os dias que tem aula de educação física de Denise sou eu que a levo. Aí eu fico esperando ela sair e quando chega em casa eu dou comida para ela. O café da manhã quem dá para Denise sempre sou eu.	• Carina assumiu o papel de filha parental cuidando da irmã.	• Elevar Laura à posição parental tirando-a da posição fraternal na qual se colocou, de modo que ela possa recolocar Carina em sua função fraternal, tirando-a da função parental que não lhe é devida.

Discurso da Família	*Hipótese*	*Objetivos Terapêuticos*
• Denise: Minha irmã me faz companhia, mas eu também fiquei com minhas amigas. Carina: Quando minhas amigas vão lá em casa ela rouba as minhas amigas porque as minhas amigas conversam mais com ela do que comigo e quando elas estão lá e eu brigo com a minha irmã elas sempre defendem a Denise. É sempre assim. Ela faz minhas amigas ficarem com pena dela. Aí elas a defendem e me ignoram.	• Carina sente-se roubada pela irmã, pois acredita que ela receba mais afeto e atenção do que ela própria.	• Ajudar Carina a sentir-se mais segura de seus relacionamentos para não precisar disputar com a irmã a amizade das amigas.
• Carina: Tem dias que faço o jantar, tem dias que só as duas (avó e mãe), tem dias que nós três. A Denise: também ajuda porque assim a gente faz a sopa de legumes, né? O suco é a Denise que faz e o meu é sem açúcar.	• Há uma tentativa de organização familiar quando a avó, mãe e filhas se dividem para preparar as refeições.	• Ajudá-las a organizar a divisão das tarefas domésticas a fim de que estas possam proporcionar uma maior integração entre a avó, a mãe e as filhas.

Discurso da Família	*Hipótese*	*Objetivos Terapêuticos*
• Laura: Me sinto tão elétrica. Eu durmo pouco. Só quatro horas por dia. Normalmente chego da escola à noite e vou passar roupa ou adiantar alguma coisa para o dia seguinte. Só de terça-feira quando meu namorado vem que eu não faço nada. Só fico com ele.	• Ao sentir-se e ficar elétrica Laura compensa suas dificuldades de relacionamento familiar.	• Ajudá-la a ter uma forma mais tranqüila e adequada de relacionamento familiar sem precisar de tanta tensão.
• Os terapeutas propõem uma tarefa dentro da sessão. As crianças terão que desenhar a “planta de sua casa”.	• Os membros da família têm dificuldades para discriminar suas funções e competências dentro da estrutura familiar.	• Trabalhar para que a família possa perceber a função e o espaço que seus inte-grantes ocupam. Que eles pudessem perceber, também, os limites, os poderes e as hierarquias de cada um dentro do contexto familiar para que possam diferenciar-se.

3ª Sessão

• Laura: Hoje eu vou ficar vendo vocês fazendo ‘arte’. Carina: Olha! Tá bom, mãe, o que eu desenhei? Denise: Mãe! Assim tá certo?	• As filhas mostram-se dependentes da mãe para poder produzir.	• Ajudá-las a tornar-se mais independentes de modo que possam ser ajudadas a diferenciar-se dentro do contexto familiar.

Discurso da Família	*Hipótese*	*Objetivos Terapêuticos*
• Carina: Não pode esquecer a avó. Denise: Aqui vão estar os dois cachorros e os dois gatos. Vou colocar a 'Madona' dentro de casa e o 'Costelinha' lá no quintal. Laura: Você sabe que eu não gosto que a 'Madona' fique dentro de casa. Carina: Fala a verdade.	• A comunicação verbal da família é muito frágil.	• Ajudá-las para que toda a família possa expressar seus sentimentos.
4ª Sessão		
• Laura: Eu não gosto da casa da minha mãe. A gente não tem nenhuma liberdade. Minha mãe não permite que eu faça o que quero. Se intromete nas minhas coisas, critica meus relacionamentos e ainda quer colocar minhas filhas contra mim. Ela me incomoda bastante, mas para as minhas filhas não é assim. Ela cuida muito bem.	• Laura sente-se incomodada, pois percebe que é dependente da mãe em muitos aspectos. Sente-se insegura em desempenhar suas funções parentais e acaba atribuindo-as a sua mãe.	• Ajudá-la a perceber suas dificuldades de relacionamento com a mãe para que possa atuar de forma mais adequada, sem necessitar de desvios, podendo fortalecer-se para elevar-se em sua competência dentro da hierarquia familiar de modo que possa desenvolver suas funções parentais.

Discurso da Família	*Hipótese*	*Objetivos Terapêuticos*
• Laura: Ah! Eu pensei. Assim é hiper-estranho. De repente não dá para fazer parte de uma terapia sem participar, ficar só pelo meio, sem se envolver. Não dá certo. Não dá para participar de um grupo sem estar envolvida inteiramente. Então eu estava querendo me manter não totalmente integrada (chora). Queria manter uma certa posição mais distanciada, mais de observadora, mais passiva do que integrante do grupo. Não sei se está dando para perceber. Estou sendo confusa, mas não dá para estar na terapia pela metade como eu pensei. Algumas coisas acabaram me pegando e eu choro e quando vejo eu estou nisso.	• Laura sente dificuldade em integrar-se à terapia familiar, pois tem dificuldades em desenvolver suas funções parentais.	• Ajudá-la a perceber suas dificuldades para que possa desenvolver-se de forma mais adequada, sem necessitar de desvios.

Discurso da Família	*Hipótese*	*Objetivos Terapêuticos*
• Laura: Minha mãe nunca me deu apoio. Ela nunca gostou de mim. Sempre foi negativa comigo. Tudo o que eu ia falar para ela, já achava que não ia dar certo. Desde que eu tinha 15 para 16 anos e quis fazer uma cirurgia plástica nos seios eu tive que me virar sozinha, pois ela não foi comigo nem se importou.	• Há dificuldades de relacionamento entre Laura e sua mãe mas embora viva em conflito com ela, Laura é dependente dela e fica confusa entre sua posição de filha e sua posição de mãe.	• Ajudá-la a compreender essas dificuldades de relacionamento com sua mãe a fim de que possa tornar-se independente e diferenciar-se, podendo discriminar as diferenças entre as funções de mãe e de filha.
• Laura: A minha mãe levou aquela amiga dela lá para morar junto com a gente. Mas... e aí, Denise, o que você acha? Denise: Deixa ela lá. Carina: Deixa ela lá. Ela nem conversa com a gente.	• Laura não percebe nem respeita os limites hierárquicos de sua família, pois quer que suas filhas decidam o que fazer em relação à atitude de sua avó de convidar a amiga para morar em sua casa.	• Ajudar Laura a resolver suas dificuldades com sua mãe eximindo filhas de responsabilidades inadequadas à sua idade. Que Laura possa perceber e respeitar os limites hierárquicos.

Discurso da Família	*Hipótese*	*Objetivos Terapêuticos*
• Laura: Minha mãe anda irritada. Só vive brigando com as crianças. Vive sem paciência. Carina: E briga mesmo com a gente. Denise: Vive brigando, né? Laura: Eu pensei que pode ser por causa da nossa mudança. Mas eu tentei tanto viver bem com ela. Ah, como eu tentei. Mas agora sou obrigada a decidir: ou ela ou eu. Carina: É. Acho que é pela mudança mesmo.	• Carina e Denise acabam assimilando os sentimentos de sua mãe em relação à avó.	• Reforçar os limites dessa família de maneira que cada subsistema possa agir independentemente um do outro, de modo que Laura possa perceber que suas dificuldades de relacionamento com sua mãe são exclusivamente seus, de forma que não permita que as crianças fiquem envolvidas por seus sentimentos pessoais.
• Laura: Carina está ficando mocinha. Já quer até usar sutiã.	• Laura sente-se insegura com o crescimento da filha.	• Ajudar Laura a compreender seus receios para que possa ajudar Carina nesta fase de crescimento rumo à individualização.
• Laura: Eu já pensei. Já pensou se eu realmente me casar ou vir a morar junto com o Sílvio e ficar grávida? E engra-vidar de um menininho, quem sabe?	• Laura tem expectativas quanto a seu futuro afetivo.	• Ajudá-la a perceber seus desejos de forma que possa realizá-los adequadamente.

Discurso da Família	*Hipótese*	*Objetivos Terapêuticos*
3ª Sessão		
• Os terapeutas deram uma tarefa dentro da sessão. Todos os membros da família deveriam desenhar três portas, numerá-las de 1 a 3 e depois imaginar o que encontrariam ao abrir cada porta. Depois disso, os terapeutas disseram para que elas pensassem que a porta nº 1 seria o passado, a nº 2 seria o presente e a nº 3 seria o futuro e o que isso teria a ver com a vida delas.	• A família tem dificuldades para enfrentar seus conflitos. Não consegue demonstrar seus sentimentos nem colocar suas expectativas em relação ao futuro.	• Trabalhar para que pudessem aparecer na família as dificuldades atuais. Que pudessem aparecer situações difíceis do passado e aparecessem, também, as expectativas quanto ao futuro e como todos esses aspectos estavam interferindo na família como um todo.
• Laura: Esta semana saiu a chave do apartamento e eu fiquei sem saber o que fazer. Não contei nem para as meninas.	• Laura demonstra ter dificuldades em contar para as filhas sobre o apartamento, pois está tendo dificuldades em pensar na separação que vai haver entre ela e sua mãe.	• Trabalhar a dificuldade de separação que está existindo em Laura.

Discurso da Família	*Hipótese*	*Objetivos Terapêuticos*
• Laura: A Carina está tendo muitas dificuldades esses tempos. Está triste, só chora. Às vezes faz "xixi" na cama e até na escola ela andou decaindo. Também não é para menos... o que essa menina já viveu. Primeiro a minha separação com o pai dela. Depois a morte dele. Depois ver minha mãe brigando comigo. Depois eu arranjando um namorado. Depois nós mudarmos de casa e eu até poder me casar de novo... Coitada, não é para menos.	• Laura pôde perceber que todas as dificuldades que sua filha está vivendo estão relacionadas às dificuldades que toda a família tem vivido nos últimos tempos.	• Ajudar Carina a perceber a implicação de cada um desses fatos e a solucioná-los sem necessidade de expressá-los através de sintomas.

3ª Sessão

• Laura: A Carina tem muitas dificuldades em falar de seu "xixi". Ela ficou duas semanas e meia sem fazer "xixi" na cama e agora três dias na nova casa e ela já fez duas vezes.	• Sempre que Carina se sente angustiada e tensa seus sintomas aparecem, pois essa é a forma que ela está encontrando de comunicar-se.	• Ajudar Carina a lidar com suas emoções sem necessitar desviá-las para o sintoma. Que Laura possa perceber a ansiedade que a filha está vivendo por causa da mudança de casa.

Discurso da Família	*Hipótese*	*Objetivos Terapêuticos*
• Laura: Houve muito desentendimento entre eu e minha mãe por causa da nossa mudança. Eu não havia contado para ela que nós já estávamos com a chave do apartamento nem que já estava com a mudança marcada, pois eu sabia que quando ela soubesse disso começaria a criar caso comigo. Ficaria mais agressiva do que já estava. Por isso fiquei quieta e deixei que ela soubesse só na última hora, quando não tinha mais jeito.	• Laura sente dificuldades em falar sobre a mudança com sua mãe, pois está com dificuldades em separar-se dela, mas não admite esse fato.	• Ajudar Laura em seu processo de independência para que se conscientize do que está ocorrendo com ela. Que perceba as suas dificuldades em mudar-se e como envolveu suas filhas nesse processo.
• Laura: Se elas quiserem eu levo elas para visitar a avó, mas por enquanto, é só isso que eu posso fazer.	• Laura exerce pressão sobre as filhas para que elas não tomem o partido da avó.	• Ajudá-la a perceber suas atitudes em relação à sua própria mãe e às suas filhas para que ela possa trabalhar adequadamente a diferenciação de cada uma e possa respeitar suas opiniões.

Discurso da Família	*Hipótese*	*Objetivos Terapêuticos*
• Laura: Agora estabelecemos algumas regras para ver se facilita um pouco a vida da gente. Eu estava sobrecarregada e elas folgadas, tanto que está na hora de elas começarem a ter responsabilidades com a própria casa. Um dia eu lavo a louça, enxugo e guardo. Outro dia elas fazem e assim por diante. O jantar eu faço. Tudo vai ficar perfeito.	• Laura está tentando assumir suas funções parentais colocando algumas regras e limites em sua casa.	• Ajudá-la a continuar se desenvolvendo em suas funções parentais para que possa tornar-se cada vez mais competente, assumindo o papel de autoridade, delimitando espaços, direitos e responsabilidades.
• Laura: Ai, eu vejo minha vida em ordem. É muito mais do que mudar de casa. É outra opção de vida mesmo. Colocar as coisas nos devidos lugares. É emocionante. Deixar de ser filha para ser eu mesmo, para assumir definitivamente assim e colocar o meu espaço e tudo o que pode o tempo exato. É legal porque tenho uma perspectiva grande de fazer as coisas.	• Laura sente-se mais livre e independente com a mudança. Pretende com essa mudança poder assumir as responsabilidades por sua própria vida.	• Ajudar Laura em seu processo de individualização para que possa trabalhar sua 'independência' como um fato real de forma mais adulta e responsável.

Discurso da Família	*Hipótese*	*Objetivos Terapêuticos*
7ª Sessão		
• Carina Eu não tenho amigas nesse prédio. Não sei como fazer para conseguir. Denise: Olha! Você faz assim. Quando as meninas estiverem brincando você chega e diz: Oi, tudo bem? Eu sou Carina. Mudei para cá a semana passada. E vocês, quem são?... Posso brincar com vocês?	• Carina tem dificuldades em fazer novos relacionamentos.	• Ajudá-la a poder expandir-se e a integrar-se em seu novo ambiente. Conotar positivamente a iniciativa de Denise em auxiliar a irmã a fazer novos amigos.
• Laura: Lá em casa tá todo mundo unido. Carina: É, mas eu quis ajudar você a fazer as coisas para receber nossos amigos e você não deixou. Laura: Você não sabe cozinhar direito. Carina: Eu podia limpar a casa.	• Laura não percebeu a necessidade da filha ajudá-la como uma forma de estar mais próxima e integrada à família.	• Que Laura possa perceber as necessidades da filha a fim de que possa auxiliá-la a se desenvolver adequadamente.
8ª Sessão		
• Carina: Sabe, ontem eu fiz como a Denise falou outro dia. Vi umas meninas brincando, cheguei perto e me apresentei. Depois ficamos brincando juntas um tempão.	• Carina está conseguindo desvencilhar-se, podendo ampliar seus relacionamentos pessoais.	• Apoiá-la em sua iniciativa para que continue ampliando suas possibilidades de crescimento.

Discurso da Família	*Hipótese*	*Objetivos Terapêuticos*
• Laura: Essas duas aí são cúmplices. Eu não admito que elas cometam erros. Acho um absurdo ficar fazendo coisas que não devem como por exemplo, outro dia elas atrasaram o relógio da sala, só para que as amigas que as visitavam não fossem embora. E eu só percebi porque a mãe de uma delas ligou preocupada, pois havia colocado um horário para a filha chegar e ela já estava atrasada uma hora. Vê se isso pode ser. Eu não admito, viu? Vocês não façam mais isso enquanto estiverem em minha casa.	• Carina e Denise têm necessidade de relacionar-se com crianças de sua idade, pois sentem-se muito sozinhas.	• Que Laura possa compreender a atitude das filhas entendendo sua necessidade de amizades. Que ela possa perceber que aquilo que está chamando de cumplicidade entre as irmãs na realidade é uma aliança entre elas para se protegerem de situações angustiantes. Que Laura possa perceber como não permite que as filhas desfrutem da casa como sendo delas também.
• Laura: Outro dia Carina saiu para fazer trabalho escolar na casa de uma amiga e voltou muito tarde. Eu perguntei o que aconteceu mas ela não falou nada.	• Carina tem dificuldades em comunicar-se abertamente com sua mãe.	• Ajudar Laura a poder dar segurança a Carina para que possa comunicar-se mais abertamente com a mãe.

Discurso da Família	*Hipótese*	*Objetivos Terapêuticos*
• Laura: Carina fala muito alto. Parece que está sempre gritando. Isso tem me preocupado.	• Laura tem receio de que sua filha tenha alguma dificuldade auditiva.	• Trabalhar com Laura o que significa para ela esse 'falar alto' da Carina, a fim de que possa verificar se Carina tem alguma dificuldade específica ou se é a sua maneira de expressar-se.

9ª Sessão

• Carina: É difícil dar presente para minha mãe. Ela se interessa por coisas. Laura: Minha mãe é que é difícil. A gente nunca sabe do que ela gosta. Eu nunca sei o que dou de presente para ela. No fundo mesmo acho que ela é muito materialista, que só pensa em dinheiro. O que ela gostaria mesmo era de ganhar uma casa, um carro, milhões de dólares... coisas assim. Essa é a única linguagem que ela entenderia.	• Há dificuldades na família em demonstrar afetos que ficam intensificados pelas dificuldades de relacionamento que há entre Laura e sua mãe.	• Que Laura possa perceber que sua filha está tendo a mesma dificuldade que ela tem com sua mãe na questão de dar e receber afeto.

Discurso da Família	*Hipótese*	*Objetivos Terapêuticos*
• Laura: Sabe o que aconteceu? Minha mãe deu 'parte' de mim na polícia. Ela foi semana passada na delegacia e fez uma queixa-denúncia contra mim alegando que eu a abandonei e que ela era dependente de mim e que não tem condições de se manter. Quer que eu lhe pague uma pensão alimentícia. E agora tem essa lei que o filho tem que cuidar do pai e ela aproveitou isso. Vê que injustiça ela está fazendo comigo. Agora eu fui chamada e vou ter que ir depor.	• Laura não sabe o que é ser independente. Na busca por autonomia iniciou um processo de abandono de sua mãe. Ela não percebe que abandono não é independência e que ajuda não é dependência.	• Que Laura possa entender suas limitações e dificuldades, pois na realidade ela não mudou-se. Ela 'fugiu'.
• Laura: Minha mãe é uma excelente cozinheira. Bem melhor que eu.	• Laura consegue perceber aspectos positivos em sua mãe.	• Ajudá-la a ampliar sua percepção rumo à individualização.
10ª Sessão		
• Laura: Eu sempre tive dificuldades em me relacionar com pessoas como diretor, chefe, professores. Pessoas que sejam muito diferentes de mim.	• Laura sente dificuldades em relacionar-se com pessoas que tenham funções de autoridade, pois não se sente igual a elas. Sente-se inferiorizada.	• Ajudar Laura a perceber que as pessoas podem ser diferentes. Que não há necessidade de similaridade. Que ser diferente não é sinônimo de abandono, desagrado, desinteresse, etc.

Discurso da Família	*Hipótese*	*Objetivos Terapêuticos*
• Laura: Elas não estão me ajudando. O serviço sobra todo para mim.	• Laura tem dificuldade em delegar poderes às filhas. Depois acaba se sentindo sobrecarregada.	• Que Laura seja capaz de ver suas possibilidades e seus limites, bem como os de suas filhas.
• Laura: Quando minha mãe gritava eu já tremia nas pernas. Ela espera que a gente sempre dê. E eu sempre perseguia esse objetivo. Queria dar. Agora eu já tenho mais paciência com minhas filhas. Converso, explico. Bato só em último caso. Bem, eu penso que é assim. Não sei se elas percebem.	• Laura sempre teve dificuldades de relacionamento com sua mãe e teme que suas filhas também tenham essas mesmas dificuldades com ela.	• Que Laura possa ampliar as possibilidades de relacionamento, tanto com suas filhas como com sua mãe, podendo haver uma comunicação mais adequada entre elas e respeito pela individualidade de cada uma delas. Que as emoções possam ser expressadas.
• Carina: A mãe briga comigo só porque eu gosto de usar roupas amassadas.	• Dificuldade de Laura em aceitar as atitudes da filha adolescente.	• Ajudá-la a respeitar a filha, incentivando-a no seu processo de individualização e discriminação. Ajudá-la a relembrar sua própria adolescência para conseguir estabelecer similaridade entre ela e sua filha e entre os 'adolescentes' em geral.

Discurso da Família	*Hipótese*	*Objetivos Terapêuticos*
11ª Sessão		
• Carina: A terapia está acabando... Laura: A terapia está acabando. Está chegando ao fim e eu tenho medo da res-ponsabilidade que é ser mãe de família.	• Laura tem medo de não conseguir desempenhar adequadamente suas funções parentais.	• Ajudá-la a elevar-se em sua competência dentro da hierarquia familiar para que possa desempenhar adequadamente suas funções parentais.
• Laura: Acho muito difícil suprir o pai de minhas filhas. Acho que namorado algum vai conseguir substituir a falta que ele nos faz.	• Laura ainda encontra dificuldades em lidar com a perda de seu marido. Compara-o com seu namorado.	• Ajudá-la a elaborar a perda do marido. Que ela possa ver as diferenças entre as pessoas sem precisar desqualificá-las. Que ela possa compreender que ser diferente não é o mesmo que ser errado. Que ela perceba as possibilidades e os limites de sua relação com o seu namorado e da relação dele com suas filhas.
• Laura: Eu fico muito angustiada quando vejo Carina chorar desesperadamente como fez on-tem sem dizer o que está acontecendo.	• Carina tem dificuldades em expressar verbalmente suas emoções e o faz através do choro, mobilizando a família.	• Ajudá-la a poder expressar-se verbalmente para ajudá-la a estar mais integrada à família , de modo que as suas necessidades possam ser atendidas.

Discurso da Família	*Hipótese*	*Objetivos Terapêuticos*
12ª Sessão		
• Laura: Eu vejo as coisas à minha maneira... para mim o que realmente pesa é a falta que o pai de-las faz. Eu acho que o Sílvio, meu namo-rado não vai conseguir substituí-lo.	• Laura sente dificuldade em administrar a falta do marido que faleceu.	• Que ela possa assimilar essa falta e possa assumir o papel de autoridade parental que é necessário para o desenvolvimento de sua família.
• Laura: Quando eu comprei o apartamento com o Sílvio, tinha certeza de que íamos morar juntos. Hoje já não tenho tanta certeza e acho melhor esperar mais um pouco.	• Laura sente-se insegura em sua relação com o namorado, Sílvio. Teme que ela não seja tão sólida como imaginava que fosse.	• Ajudá-la a sentir-se segura para poder avaliar o grau de profundidade de sua relação com Sílvio, para que possa tomar decisões com maior segurança.

Discurso da Família	*Hipótese*	*Objetivos Terapêuticos*
• Terapeutas questionam 'o que vão levar' da Terapia Familiar Breve. Laura: Eu aprendi muito. A questão de se comunicar, de falar o que incomoda. Eu aprendi muito mesmo. Hoje eu entendo melhor as minhas filhas. Sei que elas são crianças e ainda precisam de mim. Estou podendo pensar em nós como uma família. Carina: Eu melhorei. Não faço mais "xixi" na cama, não choro tanto e tenho mais amigas. Denise: Eu brinco mais com a Carina. Tenho mais amigas também e já não uso mais a mamadeira.	• A família evoluiu. Os sintomas que faziam parte da queixa inicial desapareceram. Carina não é mais PI	• Que a família possa continuar a se desenvolver. Que haja maior interação entre seus membros. Que possam resolver as dificuldades que aparecem por meio do diálogo sem necessidade mais de um paciente identificado.

IV. Posição de cada membro da família no final da Terapia Familiar Breve

Mãe

• Podendo relacionar-se mais adequadamente com suas filhas.
• Podendo assumir a posição parental.
• Podendo perceber com maior clareza as dificuldades com sua mãe, embora ainda esteja afastada dela.
• Podendo permitir que suas filhas visitem a avó.
• Podendo perceber mais claramente seu relacionamento afetivo com Sílvio.
• Pensando em fazer uma psicoterapia.

Carina

• Desaparecendo seus sintomas de enurese.
• Podendo relacionar-se com a avó.
• Saindo da posição parental.
• Tendo mais amigas, podendo ir dormir em suas casas.
• Tendo um bom relacionamento com a mãe e com a irmã.
• Não apresentando mais comportamentos depressivos nem chorando à toa.

Denise

• Tornando-se mais independente.
• Podendo relacionar-se melhor com a mãe e com a irmã.
• Podendo ir à casa da avó visitá-la.
• Deixando a mamadeira, passando a comer com garfo e faca, largando a colher.
• Tendo maior número de amigas.
• Querendo brincar e organizar seus horários de tarefas.

Família nº 03 — "Rondon"

Equipe: Terapeutas — Carla e Claudenir

I. Histórico

1. Genograma

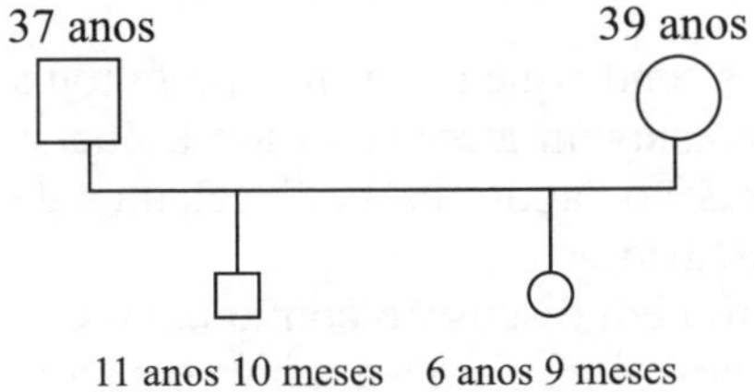

A família é composta pelo pai, Valdemar, com 37 anos, que trabalha como trocador de moldes, formou-se no colegial e passou no vestibular de Engenharia Mecânica, mas teve que trancar a matrícula, por causa de incompatibilidade de horários do serviço com a faculdade, pois trabalha em três turnos. A mãe, Soraia, com 39 anos de idade, estudou até o 1º grau, dedicando-se atualmente só ao lar e aos filhos.

O filho Ricardo, com 11 anos e 10 meses, freqüenta a 5ª série. E o filho Renato, com 6 anos e 10 meses, estuda na 1ª série do 1º grau.

2. Queixa

• A família procurou a clínica a pedido da professora de Ricardo, que o considera uma criança problemática.

• A mãe se queixa de que ele é uma criança hiperativa, com grande dificuldade de concentração na escola, sendo que repetiu a 5ª série e corre o risco de ser reprovado novamente. Diz que Ricardo se dispersa facilmente, não prestando atenção às aulas e não fazendo lições de casa.

• A mãe coloca sua preocupação e não sabe mais o que fazer para ajudá-lo, por vezes se desespera e tem vontade de largar tudo, indo embora de casa. Sente o marido ausente em relação a ela e aos filhos. O marido assume esse distanciamento e o justifica pelo trabalho que tem três horários de revezamento e confessa a falta de paciência com os filhos.

• Foram encaminhados então para Terapia Familiar Breve, para que se pudesse trabalhar a dificuldade de comunicação entre os membros da família, a relação entre eles e a dificuldade centralizada no filho Ricardo.

II. O que está acontecendo com a família

• Foram realizadas 11 sessões sendo que a família não faltou a nenhuma sessão. Os pais sempre estavam atentos a tudo o que se passava com os filhos durante a sessão dando 'bronca' e chamando a atenção quando julgavam necessário.

• Por várias vezes a mãe entrou em discussão com o pai reclamando que ele não dava atenção aos filhos nem a ajudava em casa.

• Ricardo mostrou-se sempre na defensiva em relação às acusações recebidas dos pais e Renato ficava desobediente e irrequieto durante as sessões.

1. Hierarquia

• Em um primeiro momento, a mãe sente o pai ausente e distanciado da família. Sente-se sozinha para cuidar da casa e dos filhos.

Mãe / Filhos	Pai

• Em um segundo momento, a mãe sente-se em conflito com o marido em relação ao modo de como cuidar dos filhos. Sente-se descartada por ele e pelos filhos.

Pai / Filhos	Mãe

• Em um terceiro momento, a mãe sente-se mais tranqüila, consegue conversar com o pai e este a ajuda nos cuidados com os filhos. Podendo sair para jogar bola com Ricardo, auxiliando-o em suas atividades escolares e pensando em fazer um curso com ele.

Pai —— || —— Mãe

Filhos

2. Seqüências de interações

• A mãe fala por todos, que em sua maioria permitem que ela fale.

• Mãe reclama com o pai sobre o comportamento opressivo com os filhos, quando ele os repreende e dá castigo ela briga com o pai.

• O pai reclama que a mãe tem medo e o deixa preocupado todas as vezes que ele trabalha à noite, pois tem que encostar o armário da cozinha na porta, além de colocar cadeado no portão devido ao medo de assalto que a mãe tem.

• Os filhos sempre esperam o pai chegar do serviço, dormindo na sala quando ele está no horário das 14 horas às 22 horas.

• Quando as tensões aumentam durante a sessão e Ricardo sente-se agredido, sai da sala para ir ao banheiro. Algumas vezes ficou parado atrás da porta chorando. O pai também ameaça sair, mas nunca o fez.

• O conflito parental aparece nas queixas da mãe, mas o pai se defende dizendo que trabalha intensamente e que esse trabalho o consome muito por causa do horário de revezamento.

3. Limites

• Esta é uma família em que o pai aparece desligado. Há uma divisão nas funções parentais. O pai se encarrega do dinheiro e a mãe de olhar e cuidar dos filhos, mas confunde-se com isso. Fica tensa e acaba superenvolvida com os filhos.

• Há uma certa dificuldade para respeitar os limites e os problemas de cada um, principalmente da mãe e do pai. Depois acabam culpando-se mutuamente pelos "fracassos" dos filhos, bem como sentindo-se fracassados em suas funções parentais.

• O pai acusa a mãe de superenvolvimento com os filhos e de falta de paciência para com eles. A mãe acusa o pai de ser omisso e se distanciar deles, deixando-a sobrecarregada.

4. Alianças

Pai — Mãe

• Quando pensam em sair juntos para "namorar".

• Para tentar resolver os problemas de Ricardo (procurando uma nova escola e vários tratamentos: neurológico, psicológico e pedagógico).

• Quando o pai diz que a mãe se preocupa muito com os filhos e eles não reconhecem.

• Para fazer o pai sair mais com o Ricardo.

• Quando o pai diz que tudo o que a família possui é graças à mãe e ela diz que é graças ao desempenho profissional dele que é muito bom.

Mãe — Ricardo

• Aliam-se na tentativa de fazer com que o pai se una mais com a família.

• Quando o protege, falando por ele.

• Para ajudar Ricardo em sua dificuldades escolares.

• Quando Ricardo a procura para dormir junto por estar com medo à noite.

• Quando ele olha para ela antes de comentar alguma coisa, buscando sua aprovação.

• Quando a mãe diz que Ricardo é muito inteligente e desempenha bem todas as atividades extra-escolares que realiza e ele reconhece que sua mãe o estimula para estudar computação e jogar futebol.

Pai — Ricardo

• Para incentivar Ricardo a estudar, indo estudar computação com ele.

• Saindo com o filho para jogar bola.

• Ensinando-lhe inglês e a utilizar o dicionário.

Ricardo — Renato

• Quando saem para brincar juntos.

• Quando fogem das broncas da mãe.

5. Complementaridade

• A mãe para manter-se numa posição competente desqualifica o pai.

• O pai, para manter a mãe em uma posição privilegiada e competente, acaba rebaixando-se (vai trabalhar e torna-se ausente e omisso).

• Ricardo, para manter a mãe em uma posição qualificada, tenta manter-se dependente e problemático.

6. Flexibilidade - Rigidez

• Esta é uma família que se mostrou flexível, com capacidade para aceitar os seus problemas e corrigi-los na medida do possível.

7. Comunicação

• A comunicação da família se dá através da mãe, que aponta os conflitos, principalmente de Ricardo, para os demais.

Exemplo: A mãe se queixa de Ricardo para o pai, e este o manda para o seu quarto de castigo. A mãe se queixa dessa atitude, dizendo que o pai deveria conversar mais com os filhos. E acaba criticando a atitude do pai.

• O pai se queixa várias vezes de que a mãe lhe tira a autoridade, pois os filhos lhe pedem algo e ele não permite, aí eles pedem para a mãe e ela permite. A mãe faz a mesma queixa em relação a ele.

• Pais dizem que Renato só obedece se gritarem com ele.

• Mãe reclama que o pai evita conversar, que não fala, que fica quieto e que vai para o quarto.

• Os filhos reclamam da frieza e do distanciamento do pai em relação a eles. Dizem que não conseguem falar com ele.

• Mãe tenta esconder suas dificuldades dos parentes, tanto os dela como os dele. Procura não comentar nada com ninguém.

• Na família é permitida a expressão da emoção agressiva, ficando mais difícil a expressão de carinho e afeto, que pareciam ser mais fáceis de serem expressas quando as crianças eram menores.

• Durante uma sessão o pai consegue conversar intensamente com Ricardo sobre a advertência que ele teve na escola, podendo orientá-lo. No fim da conversa percebe que não foi difícil e que deveria fazer isso mais vezes. Afirmou por diversas vezes, em sessões posteriores, que estava conseguindo falar com o filho.

8. Ciclo Vital

• A família parece estar presa na fase da adolescência. Os pais não conseguem permitir o crescimento dos filhos, pois ficam pensando constantemente nas suas próprias dificuldades enquanto crianças.

Exemplo: Quando o pai fala que ficava preso em casa, que não tinha brinquedos e que só pôde sair para a rua depois dos 17 anos.

Exemplo: A mãe dizendo que seu próprio pai era alcoólatra e que batia na esposa e nos filhos. E que ela temia que a mãe morresse devido aos maus-tratos.

Para essa família, crescer significa sofrimento.

• Há dificuldades dos membros em se individualizar e os que tentam são agredidos pelos demais.

Exemplo: Ricardo querendo ir jogar bola.

• Pais temendo a velhice. Consideram a aposentadoria como algo destrutivo: o fim de tudo, a morte. Temem a solidão e o abandono.

Exemplo: Quando a mãe diz que vai ficar sozinha, que os filhos vão crescer.

Exemplo: Quando o pai diz que os filhos o colocarão em um asilo.

• Os filhos não podem crescer para que eles não envelheçam e morram.

9. Coalizões

• Pai e mãe brigam por intermédio dos filhos, principalmente de Ricardo. É uma forma de desviar a agressividade; protegem-se para que não apareça diretamente a relação conflituosa do marido e da esposa, ou mesmo a relação homem e mulher.

• Mãe agride Ricardo. Critica-o e o culpa pela desestruturação da família.

Exemplo: Quando a mãe diz que se sente fracassada como mãe e o pai também em sua função paterna.

• Mãe e Ricardo se unem para criticar o distanciamento do pai.

• Quando pai e mãe discutem durante a sessão, Ricardo os critica comparando seu comportamento a comportamentos infantis.

10. Triangulações

• Pais em conflito entre si. E em conflito com Ricardo por causa de suas dificuldades escolares.

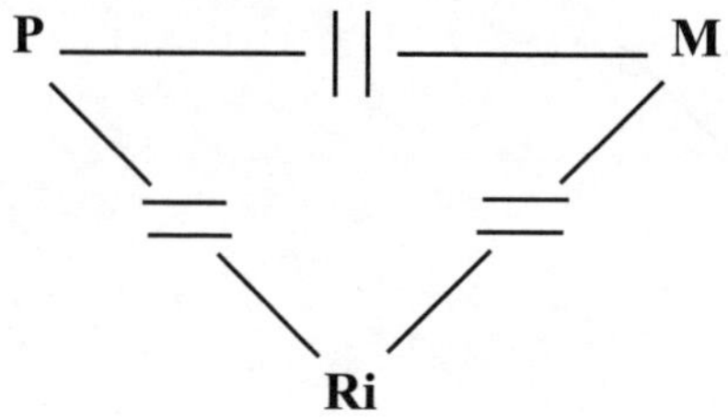

• Pais em conflito entre si. Pai envolvido com Renato e mãe em conflito com ele que, por causa de sua agressividade, só realiza o que eles pedem se gritarem com ele.

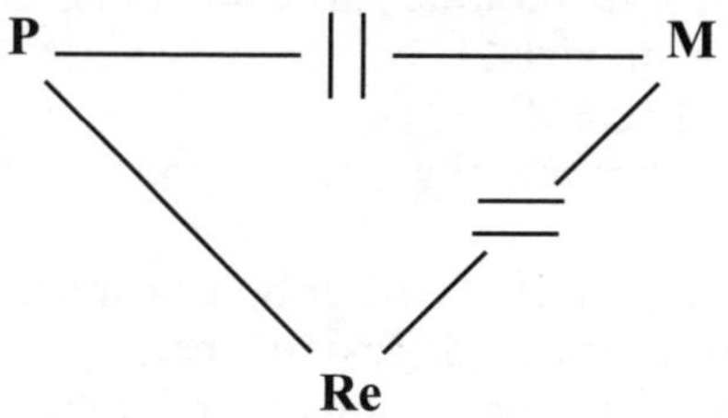

• Pai em conflito com a mãe, em conflito com Ricardo e ele envolvido com a mãe, na tentativa de trazer o pai mais para a família e se sentindo igual à mãe em suas condutas de medo e insegurança.

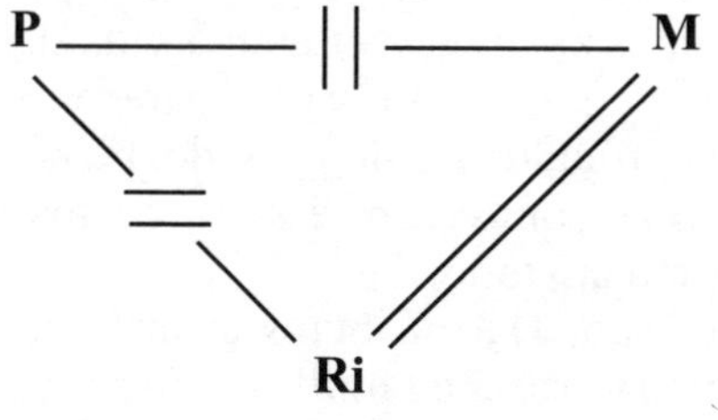

• Pai e mãe tendo um bom relacionamento entre si e com os filhos, tentando manter os problemas familiares sob controle.

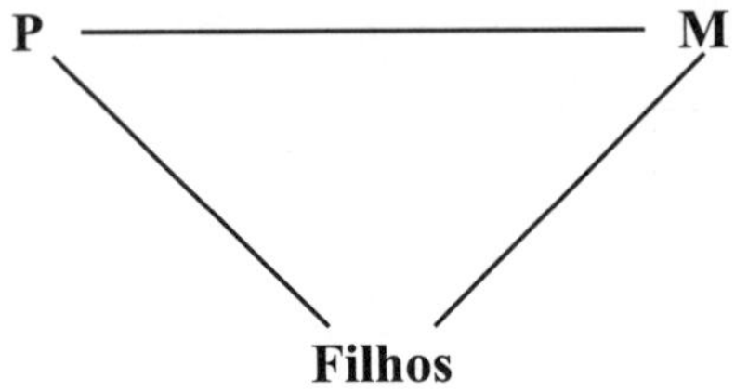

11. Tarefas

• Foi pedido (3ª sessão) a Ricardo que criasse o hábito de estudar pelo menos 30 minutos por dia e que começasse sempre pela coisa mais fácil.

• Foram incentivado passeios da família, para estarem mais juntos afetivamente em momentos de lazer.

• Incentivou-se o namoro do casal.

• Incentivou-se a mãe a ter um trabalho seu e a poder voltar a estudar.

Exemplo: culinária, já que gostaria de fazer bolos para festas.

• Deu-se a tarefa dentro da sessão (5ª sessão), para que a família fizesse a "planta de sua casa" com o objetivo de trabalhar a percepção da família quanto à função de espaço, limites, poderes e hierarquias vividos dentro do contexto familiar.

• Deu-se a tarefa dentro da sessão (6ª sessão), para que a família desenhasse três portas e as numerassem de 1 a 3, depois imaginasse o que encontraria ao abrir cada porta. Depois foi colocado que imaginassem que as portas representavam o passado, o presente e o futuro e pensassem o que isso teria a ver com a vida deles.

Essa tarefa foi realizada para que pudessem aparecer na família as dificuldades atuais, as dificuldades do passado, bem como as expectativas quanto ao futuro e como todos esses aspectos estavam interferindo na família como um todo.

• Tarefa na (7ª sessão) sessão: Dar atributos a uma série de animais, escolhidos por eles para mostrar à família como para eles é mais fácil falar por intermediários e que a comunicação direta de emoções, afetos e sentimentos fica bloqueada.

• Tarefa que foi dada a Ricardo (7ª sessão) de forma que pudesse controlar suas atividades escolares e a forma de estudar, de modo que pudesse ampliar o hábito e a responsabilidade em relação aos seus estudos.

• Tarefa dada dentro da sessão (8ª sessão) para que o pai, a mãe e Renato fizessem um presente para Ricardo. Foi dada essa tarefa, como uma forma de elevar a competência de Ricardo dentro da família, de forma que pudesse ser valorizado por todos.

III. O que se trabalhou com a família

1. Temas trabalhados durante a Terapia Familiar Breve

• Trabalhou-se a dificuldade de comunicação da família, a fim de que pudesse encontrar outras formas de comunicar-se sem necessida de se agredirem.

• Trabalharam-se as dificuldades de relacionamento entre o casal para que pudessem ter uma comunicação mais direta sem que precisassem usar os filhos como intermediários.

• Trabalhou-se para ajudar o casal a discriminar suas funções parental e marital.

• Trabalhou-se para ajudar o casal a se tornar independente de sua família de origem.

• Trabalhou-se para que o casal pudesse manter-se unido e competente na função parental, mantendo-se elevado dentro da hierarquia familiar.

• Trabalhou-se para ajudá-los a se organizarem em suas funções parentais, de modo que pudessem dar apoio aos filhos para perceber e vencer suas dificuldades.

• Trabalhou-se para ajudar aos filhos em seu processo de independência e individualização dentro do contexto familiar.

• Trabalhou-se para ajudar os filhos a compreender suas dificuldades e limitações, de modo que pudessem perceber também suas qualidades e possibilidades.

• Trabalhou-se para ajudar os pais a se relacionar mais diretamente com seus filhos. Que pudessem compreendê-los e respeitá-los em sua individualidade.

• Trabalhou-se para ajudar os pais a perceber o crescimento dos filhos, para que percebessem suas dificuldades em lidar com esse crescimento e a tentativa que faziam em mantê-los em uma posição dependente e desqualificada.

• Trabalhou-se para ajudar os membros da família a falar por si, ajudando-os a se diferenciarem.

• Trabalharam-se as fantasias e expectativas dos pais em relação ao desenvolvimento psicossexual dos filhos.

• Trabalhou-se a sobrecarga de trabalho da mãe dentro de casa, para que pudessem ser melhor distribuídas as atribuições da família de modo que todos tivessem responsabilidade dentro de seus limites e possibilidades

• Trabalharam-se com os pais as dificuldades em lidar com o envelhecimento, pois eles encaram o crescimento e amadurecimento dos filhos como algo assustador e problemático. Que pudessem ter uma atitude mais positiva com relação ao amadurecimento e às novas fases da vida.

2. *Trabalho realizado durante cada sessão*

Discurso da Família	*Hipótese*	*Objetivos Terapêuticos*
1ª Sessão		
• Mãe: Ninguém entende ninguém. É uma gritaria, muita briga, muita confusão.	• Há uma dificuldade de comunicação entre os membros da família.	• Trabalhar essas dificuldades para possibilitar outras formas de comunicação sem que tenham que passar pela agressão.
• Mãe: Ele (o pai) é nervoso. A gente não está conseguindo se entender; estamos brigando muito.	• Há dificuldades de relacionamento entre o casal.	• Ajudá-los a se manter na hierarquia e competência em suas funções parentais. Ajudá-los a perceber as diferenças entre as funções parental e marital.
• Renato: Eu sou Renato, irmão do Ricardo.	• Há dificuldade de diferenciação dos filhos.	• Ajudar Renato no seu processo de individualização dentro da família.
• Pai: Sabe o que é? A gente tem uma vida agitada, uma correria. O meu serviço é em três turnos. Terminei o colégio agora no fim de 94 e realmente não há tempo hábil para brincadeiras entre pai e filho...	• O pai acredita que o seu horário de trabalho impede seu relacionamento com a família.	• Ajudar o pai a perceber a necessidade de equilibrar suas funções profissionais, como provedor da família, e suas funções parentais.

Discurso da Família	*Hipótese*	*Objetivos Terapêuticos*
• Mãe: Pensei em pôr Ricardo em uma escola mais forte. Agora coloquei ele em uma escola paga, mas pelo jeito não vai bem também.	• Há dificuldades da mãe em perceber as possibilidades e os limites do filho, visto que procura uma escola mais forte e não uma escola especial.	• Trabalhar as expectativas da mãe quanto à escolaridade de seu filho.
• Ricardo: Fico nervoso. Fico tremendo quando tenho prova. Fico até doente.	• O medo de não corresponder às expectativas da mãe e às suas próprias contribui para seu fracasso escolar.	• Ajudá-lo na compreensão e elaboração dessa situação, de modo que possa exprimir suas emoções e anseios sem precisar desviá-las em somatizações.
• Mãe: Eu acho e começo a analisar que somos nós que passamos tudo isso para eles, essa insegurança. Eu venho de uma família de problemas e ele (o marido) também...	• O casal tem dificuldades em diferenciar-se de sua família de origem.	• Ajudá-los a elevar-se na sua competência como par parental para que possam ajudar seus filhos no processo de desenvolvimento.

Discurso da Família	*Hipótese*	*Objetivos Terapêuticos*
• Mãe: Meu pai era alcoólatra e minha mãe era pai e mãe ao mesmo tempo e na casa dele (pai) era a mãe e o pai dele que nãoconversavam com ele e ele, como o pai dele, não consegue passar para o filho. Eu como mulher passo, mas ele não consegue.	• O casal continua com dificuldade de diferenciação da família de origem. A mãe desqualifica o pai no seu papel parental.	• Ajudá-los a se tornar independente de sua família de origem para assumirem suas funções parentais. Elevar o pai em sua competência na hierarquia familiar, de modo que possa ser respeitado pela esposa.
• Mãe: O Ricardo está na idade de perguntar as coisas para o pai: eu falo o que acho que é certo, mas ele que é homem, não consegue falar... Ricardo perguntou o que é camisinha ele não quis explicar eu vou falar e ele (pai) acha um absurdo.	• Dificuldade do casal de falar sobre sexualidade. Dificuldade para lidar com aspectos afetivos dentro do contexto familiar.	• Ajudar os membros da família para facilitar a comunicação entre eles para que esta fique menos fragmentada. Que os pais possam dar orientação sexual aos filhos. Que os afetos possam ser explicitados na família.
• Mãe: O pai não admite que o Ricardo ande de zorba ou que fique nu na minha frente. Outro dia o Ricardo me viu em uma roupa e falou "mãe, você está mostrando tudo". Então ele (pai) vai bloqueando tudo na cabeça deles.	• Dificuldade do pai e da família em lidar com a intimidade pessoal dentro de casa.	• Trabalhar as fantasias e as expectativas dos pais em relação ao desenvolvimento psicossexual dos filhos.

Discurso da Família	*Hipótese*	*Objetivos Terapêuticos*
• Mãe: Quando eu falo para ele as dúvidas do Ricardo, a gente acaba discutindo. Se não der certo aqui, vou acabar me separando dele... Problemas nossos não existem. É com pessoas da família.	• O casal discute através dos filhos. Dificuldades por parte do casal de discriminar as funções parentais das funções maritais. Há dificuldades no relacionamento marital.	• Facilitar a comunicação direta entre eles para que não precisem usar os filhos como intermediários. Que percebam suas dificuldades como marido e mulher e que saibam separá-las de suas funções parentais. Que o casal possa perceber, na ameaça de separação da mãe, um pedido de ajuda por parte dela.
• Mãe: Os nossos problemas nós não discutimos. Nunca eu cheguei para ele e falei: "Isso que você fez me magoou, eu não gostei", nem ele para mim. Nossas discussões são sempre por não termos gostado do que os outros fizeram.	• Dificuldade do casal em falar sobre seus problemas maritais diretamente, necessitando sempre de intermediários.	• Trabalhar a dificuldade do casal em lidar com seus conflitos maritais.
• Ricardo: Quando pergunto alguma coisa o pai fala "cala a boca". Eu fico quieto, mas o Renato responde, aí o pai vai e fala para a mãe: 'Você viu o que ele respondeu?'.	• O pai está tendo dificuldade para comunicar-se com seus filhos, acaba culpando a mãe por essa dificuldade.	• Que ele possa entender as diferenças individuais dos filhos e possa relacionar-se diretamente com eles, sem necessitar de inter-mediações da mãe.

Discurso da Família	*Hipótese*	*Objetivos Terapêuticos*
• Mãe: Eu acho que não tem nada de mais subir no muro, jogar bola. O pai bloqueia tudo. Ricardo: Eu peço para meu pai e ele não deixa, aí eu peço para minha mãe e ela deixa. Pai: Eu acho melhor não sair na rua. Se sua mãe deixar faça o que quiser, mas não quero nem saber, se vira com ela.	• O casal demonstra divergências em como orientar os filhos, manda mensagens duplas. A mãe desqualifica o pai.	• Que a mãe possa respeitar o pai em sua competência na hierarquia familiar. Que cada um possa falar e perceber diretamente suas opiniões e seus desejos sem se sentirem ameaçados em suas funções parentais.
• Mãe: Não é só trabalhar e trazer dinheiro para dentro de casa. Ele dá dinheiro e não quer responsabilidade.	• Dificuldade do casal em dividir as funções parentais.	• Que o casal possa perceber e respeitar suas diferenças individuais e possa assumir sua responsabilidade no comando de suas funções parentais.
• Pai: Eu chego cansado do serviço. O Ricardo cobra um joguinho de bola, eu não consigo, eu sei que estou bloqueando ele.. Ricardo: O senhor não vai estar bloqueando nada, se o senhor fala que está cansado e não dá para jogar bola, eu sei que o senhor está mesmo cansado e não vai me bloquear nada por causa disso.	• O pai tem dificuldade em dizer ao filho o que realmente está sentindo. Tem expectativas sobre seu desempenho como pai e acredita estar bloqueando o filho em seu desenvolvimento.	• Ajudar o pai a ter uma comunicação mais direta com o filho e a poder demonstrar seus sentimentos e afeto por ele sem precisar sentir-se culpado por isso.

Discurso da Família	*Hipótese*	*Objetivos Terapêuticos*
• Pai: Até os 17 anos eu fiquei trancado no quintal cercado e com cadeado no portão. Eu tinha um irmão muito mais velho e um muito mais novo. Não brincava. Só com 17 anos é que comecei a sair e até hoje não tenho amizade com meus irmãos. Não fazemos visitas.	• Pai com dificuldade em diferenciar-se de sua família de origem.	• Ajudá-lo a diferenciar-se de sua família de origem, de modo que possa perceber o que ocorre com sua família atual e possa ajudar os filhos em seu desenvolvimento.
• Mãe: E hoje ele (pai) é assim. Se quer assistir o jornal grita e quer silêncio. Fica sozinho. Não gosta de conversar. Se o menino fala alguma besteira acha ruim. Mas eu sei que para o menino não é besteira. E com isso o Ricardo está um menino inseguro, medroso, principalmente na escola. Às vezes tem que ficar de castigo por causa das notas.	• A mãe desqualifica o pai e o culpa pelo mal desempenho escolar do filho e por seus problemas emocionais.	• Ajudar a mãe a perceber a relação entre o pai e o filho e que não precisa desqualificar o pai. Que ela possa respeitá-lo em sua hierarquia na função parental.
• Ricardo: Quando tenho dúvidas na escola, tenho medo de perguntar e a professora brigar.	• Ricardo tem medo de expor-se e ser criticado por isso.	• Ajudá-lo a ter segurança para poder expor-se sem recear castigos

Discurso da Família	*Hipótese*	*Objetivos Terapêuticos*
• Ricardo: Eu sei que levo castigos porque não estudo e tiro notas baixas. Aí eu falo para minha mãe "não, mãe, por favor não faz eu subir não, mãe". Aí ela fala que eu tenho que subir para o meu quarto, aí eu fico falando para mim mesmo: Tá vendo, Ricardo, é bem-feito pra você. Quem manda não estudar. Você deveria ter estudado, prestado atenção na professora. Mas é bem-feito. Você merece. Vê se agora você aprende.	• Ricardo percebe suas dificuldades de aprendizagem e não consegue lidar adequadamente com elas. Sente-se inseguro e não consegue encontrar apoio em seu ambiente familiar.	• Ajudá-lo a perceber suas dificuldades e aprender a lidar com elas de maneira que possa perceber tanto os seus limites como também suas possibilidades.
• Pai: Ele entrou na escolinha de futebol da firma em que eu trabalho, mas ficou bravo porque não era escalado. Era reserva. Ele não entende que ainda está estudando. Mãe: Uma vez deixamos ele ir sozinha ao treino. Ele ia de ônibus. O treino terminava às 11 horas. Às 11h30 ele já estaria em casa, mas chegou às 14 horas. Já estávamos loucos, preocupados.	• Ricardo tem dificuldades em diferenciar as suas prioridades de suas necessidades escolares e familiares.	• Ajudá-lo a integrar o esporte em suas atividades, vendo-o como uma atividade recreativa, prazerosa e cultural, mas que possa respeitar os seus limtes quanto ao horário e intensidade de realização de forma que possa atender aos seus horários e às suas obrigações escolares e familiares.

Discurso da Família	*Hipótese*	*Objetivos Terapêuticos*
• Mãe: O Ricardo é medroso, não tem opinião. Eu tenho que decidir se ele põe essa roupa ou aquela. Acaba fazendo sempre o que os outros querem que faça. Acho que não sou de ficar bajulando. A única coisa que eu acho é que ele pegou minha insegurança, o meu medo, pois tenho medo de tudo: de assalto, de estupro, de briga... Eu passo esse medo para eles, não deixo nem abrir a porta. Só durmo com calmantes que o psiquiatra receitou. Pai: Esse medo acaba passando para a gente. Também fico nervoso. Saio super preocupado para trabalhar quando estou no turno da noite. A porta é trancada e atrás da porta ela puxa um armário da cozinha. Tem cadea-do no portão e mesmo assim ela é insegura.	• O casal tem dificuldade em discriminar suas funções parentais e funções maritais.	• Ajudar o casal a trabalhar seus conflitos maritais que acabam interferindo em suas funções parentais. Ajudá-los a compreender as diferenças individuais e o quanto podem contribuir para ajudarem-se mutuamente.

Discurso da Família	*Hipótese*	*Objetivos Terapêuticos*
2ª Sessão		
• Mãe: A professora tinha dito que deveríamos colocar ele (Ricardo) em algum esporte: natação, futebol. Mas quando ele começou a professora disse para tirarmos porque não tinha dado certo. Ele não fazia mais lição, não prestava atenção. Só ficava falando sobre os amiguinhos. O esporte estava atrapalhando a escola, nem lição de casa fazia por isso. Ele não se preocupa com nada. Sai para jogar, não avisa, se atrasa, volta tarde e não quer estudar.	• Há dificuldades entre o casal para lidar com suas funções parentais.	• Ajudá-los a se organizarem em suas funções parentais de modo que possam dar apoio para que o filho perceba suas dificuldades e possa vencê-las.
• Pai: Ricardo não tem capacidade, ele não consegue fazer duas coisas ao mesmo tempo. Estudar e fazer esportes não dá.	• Os pais desqualificam o filho e não conseguem perceber suas dificuldades.	• Ajudar Ricardo a elevar-se em sua competência. Ajudar os pais a perceber as dificuldades de Ricardo, para que possam auxiliá-lo, sem precisar desqualificá-lo.

Discurso da Família	*Hipótese*	*Objetivos Terapêuticos*
• Pai: O Ricardo tem horas que faz perguntas como adulto, outras vezes como um bebê. Hoje mesmo temos um exemplo: ele ficou bravo por causa de bala. Temos um saquinho aqui na bolsa, ele pode pegar quantas quiser. Mas como demos duas para o irmão ele já brigou, não quer mais e diz que não gostamos dele.	• Pais mostram-se confusos e têm dificuldades em relacionar-se com os filhos tendo dificuldades em perceber suas necessidades.	• Ajudá-los a se elevar em suas funções e competências parentais.
• Mãe: Aí ele tem que ser adulto e é criança. mas quando ele pergunta sobre sexo ele é tratado como criança. Eu ainda respondo, mas o pai, não. Ele hoje perguntou se o pipi-zinho dele vai crescer. Eu respondi que vai crescer... mas o pai acha que ainda não está na hora de saber.	• Pais mostram-se confusos e em conflito entre si, tendo dificuldades em se perceber e em perceber as dificuldades do filho.	• Ajudá-los para que possam perceber suas próprias dificuldades. Que possam diferenciar-se enquanto pessoas e que possam perceber seus limites e suas possibilidades, bem como de seus filhos.

Discurso da Família	*Hipótese*	*Objetivos Terapêuticos*
• Mãe: Passeio não tem, né. Isso não existe. Pai: Quanto ao dinheiro, resolvemos tudo juntos. A gente discute juntos. Se alguma coisa que eu deixo para ela, dou o dinheiro e ela faz o que for preciso. Mãe: Ele dá o dinheiro em casa, nos sustenta, e quem fica mais com eles sou eu.	• Os pais dividem as tarefas familiares (pai dá dinheiro, mãe cuida dos filhos e da casa). E essa divisão faz com que a mãe se sinta sobrecarregada, fica insegura e se sente sem apoio em relação aos cuidados dos filhos.	• Que as responsabilidades das atividades parentais possam ser divididas, que possam ser compartilhadas, para que nenhum dos dois se sinta "sobrecarregado".
• Pai: Quando eu era pequeno não tinha ninguém para brincar. Ficava fechado e só comecei a sair quando entrei na escola. Tinha poucos brinquedos, que tenho guardado até hoje. É por isso que eu falo para os meninos para que conservem o que têm. Nunca tive quase nada, e quando tinha não quebrava, se não não teria com o que brincar. Mas eles têm uma enorme capacidade de destruir tudo.	• O pai está com dificuldades de diferenciar-se de sua família de origem. O pai fica confuso em seu papel de pai e de filho. Tem dificuldades em discriminar o momento atual, em que ele é pai, do passado quando ele era o filho.	• Ajudar o pai a compreender as diferenças individuais (dos filhos e dele). E que possa trabalhar para desligar-se de seus conflitos com sua família de origem.

Discurso da Família	*Hipótese*	*Objetivos Terapêuticos*
• Mãe: Eu falo para ele deixar os meninos brincar. Pai: É, eu sei que não deixando é mais uma maneira de bloquear a infância deles, mas eu fui criado assim. E difícil mudar.	• Pai tem dificuldades de se diferenciar de sua família de origem. Trata os filhos como foi tratado.	• Que ele perceba as diferenças do momento atual com os de sua família de origem. E que possa respeitar e compreender essas diferenças, permitindo que os filhos se individualizem.
• Mãe: Eu não tive infância. Meu pai bebia e eu vivia vendo ele bater na minha mãe. Ele chegava bêbado e nós corríamos para a casa dos vizinhos, de medo. Mas, às vezes, ele ia dentro da casa dos vizinhos atrás de nós e batia do mesmo jeito.	• Mãe com dificuldades em diferenciar-se de sua família de origem.	• Ajudar a mãe para que possa compreender suas dificuldades com sua família de origem para que não busque uma similaridade nessa sua família atual.
• Mãe: Minha mãe foi pai e mãe. Ela conversava comigo. A gente se dava bem. Com meu pai não existiu nenhum relacionamento.	• Mãe em conflito com sua família de origem. Com dificuldades em discriminar-se como pessoa.	• Que a mãe perceba as individualidades das pessoas. Que não necessite repetir essas dificuldades que viveu em sua família de origem com sua família atual. Que ela possa elaborar essas dificuldades que viveu no passado.

Discurso da Família	*Hipótese*	*Objetivos Terapêuticos*
• Pai: Eu também não tinha diálogo com meu pai. Às vezes eu passava na rua e ele nem me via. Um dia ele passou e não me viu. Eu fui atrás dele e falei: "Oi, pai! Eu estava aqui. Me arruma dinheiro para o cinema?" Ele me arrumou o dinheiro e eu fui embora. Eu até falei para a minha mãe e ela falou que esse era o jeito dele. Então eu não conversava com ele também.	• Dificuldade dos pais em se diferenciar de suas famílias de origem.	• Que os pais possam perceber as dificuldades de relacionamento com suas famílias de origem e como esses assuntos não resolvidos estão influindo em seu comportamento com os seus filhos. Que eles possam perceber as diferenças das situações a fim de poderem desenvolver mais adequadamente suas funções parentais atuais.

Discurso da Família	*Hipótese*	*Objetivos Terapêuticos*
• Mãe: Eu cresci com medo, insegurança, passo hoje isso para eles. Eu tinha medo de perder minha mãe, eu só tinha a ela, esse medo me acompanhou a vida inteira, por isso passei para eles (os filhos). Pai: Mas para o Ricardo você pode ter passado na gravidez. Você ficou nervosa quando meu pai arrumou aquela mulher lá, lembra? Mãe: Eu passei muito nervoso na gravidez do Renato. Na gravidez do Ricardo meu nervoso era assim normal por eu ser uma pessoa nervosa. Pode ser até por isso que eles são hipe-rativos.	• A mãe tem dificuldades em perceber as diferenças individuais de seus filhos. A mãe sente as tentativas de individua-lização de seus filhos como uma atitude agressiva e hostil.	• Que a mãe possa perceber as diferenças individuais dos filhos sem necessitar culpar-se por isso. Que a mãe possa perceber as influências que o comportamento de cada um pode ter em seu desenvolvimento pessoal, escolar, profissional, etc. E que possa encontrar formas alternativas que os auxiliarão, sem que ela precise sentir essas diferenças como algo des-trutivo e agressivo.

Discurso da Família	*Hipótese*	*Objetivos Terapêuticos*
• Mãe: É por isso que o cérebro dele funciona tão rápido, que ele não se concentra na escola. Está indo muito mal, até levou uma advertência. Ricardo: Mas eu só tinha duas assinaturas azuis e quando levei a primeira vermelha já levei advertência... A menina da minha sala tinha igual e não levou, isso é injusto. Pai: E você perguntou para a professora por que você levou e ela, não? Ricardo: Não, pai, nem pensei em perguntar na hora. Pai: Olha! Eu não sei que critérios eles usam para dar advertência, mas ainda está em tempo de você perguntar. Ricardo: É, eu vou falar com ela. Pai: Não precisa brigar. Pergunta numa boa, quais os critérios que eles usam para dar a advertência. Aí você vai ter certeza se foi injustiça ou não. E tenta conversar com ela, explicar que ficou com dúvidas...	• Dificuldades dos pais em dialogar com o filho. A mãe tentanto encontrar uma explicação para o comportamento do filho.	• Que o pai, a mãe e o filho possam continuar dialogando diretamente, sem necessitar de intermediários. Que o pai auxilie o filho em suas dificuldades e se interesse por seus problemas, respeitando suas individualidades, seus limites e suas possibilidades.

Discurso da Família	*Hipótese*	*Objetivos Terapêuticos*
• Pai: Tá vendo. Em casa não é assim. Ele disse que teve uma advertência e eu já comecei a dar bronca sem saber o porquê da advertência. A gente nunca conversa como acabou de conversar aqui e agora. Mãe: Em casa ninguém ouve ninguém. E nós já estamos sentindo que vindo aqui está melhorando, apesar de ser a segunda vez. Pai: É bom ter um lugar para a gente ser ouvido.	• Dificuldade de comunicação dentro da família.	• Que a família possa ampliar as suas possibilidades de comunicação. E possa colocá-la em prática em qualquer situação e em qualquer lugar.

3ª Sessão

• Foi realizado o genograma da família.	• Os pais estão presos a conflitos ligados à sua família de origem, e acabam repetindo essas dificuldades com sua família atual.	• Ao usar o genograma poderíamos encontrar as inter-relações com a família de origem e observar a presença de muitos acontecimentos importantes, identificações, nomes, datas, enfim, tudo que nos desse uma visão geral da estrutura dessa família.

Discurso da Família	*Hipótese*	*Objetivos Terapêuticos*
• No genograma apareceram dados importantes, como o alcoolismo da mãe do pai. O afeto do pai por um sobrinho, em especial, por ser bem pequeno e "caber" na palma da sua mão. O pai tendo duas tias com o mesmo nome. Uma do primeiro e outra do segundo casamento do avô. A mãe se dando melhor com o irmão mais novo. A mãe considerando-se a mais festeira da família. A mãe sendo muito ligada afetivamente a uma ex-noiva de seu irmão. Os pais não gostando de duas cunhadas em particular. E os filhos, sem saber, também demonstrando-se insatisfeitos com o comportamento dessas tias. Pais e filhos valorizando e considerando mais a amigos do que a parentes. Fantasia de Ricardo em pensar que na gravidez dele a mãe preferisse uma menina e não um menino. Fantasia do pai em pensar que no futuro os filhos o colocarão em um asilo quando ele for velho. Doenças na família, como convulsão de Ricardo, quando ele tinha 2 anos, por causa de febre alta; acidente que a mãe sofreu em seu serviço, ficou desorientada, com dor de cabeça e ficando seis meses sem poder escrever.	• O casal é influenciado pelos relacionamentos que mantém com sua família de origem, repetem alguns comportamentos conflitivos que mantêm com eles e não se dão conta dessa situação.	• Trabalhar para ajudá-los a compreender como todos esses aspectos levantados pelo genograma estão interferindo em sua vida atual, sem que eles percebam sua importância. Possibilitar aos pais diferenciar-se de suas famílias de origem e poder tornar-se mais competentes em suas funções parentais atuais.

Discurso da Família	*Hipótese*	*Objetivos Terapêuticos*
• Os pais criticam as notas baixas de Ricardo e ele comenta suas dificuldades em estudar e o medo que tem de perguntar suas dúvidas para a professora.	• Ricardo sente-se inseguro perante suas dificuldades e não sabe como enfrentá-las. Seus pais também ficam angustiados e não conseguem auxiliá-lo adequadamente.	• Trabalhar com Ricardo as possibilidades que ele tem em lidar com suas dificuldades. Ajudá-lo a ter segurança para ques-tionar e poder elucidar suas dúvidas. Trabalhar o seu medo de levar bronca da pro-fessora como leva dos pais quando demonstra ter dúvidas, para que possa sentir-se mais seguro. Para po-der trabalhar essas dificuldades as terapeutas dão-lhe uma tarefa que o ajudarão: 1º — começar a estudar sempre pelas coisas mais fáceis; 2º — adquirir o hábito de estudar, criando um tempo diário de no mínimo 30 minutos e no máximo duas horas para fazê-lo.

Discurso da Família	*Hipótese*	*Objetivos Terapêuticos*
• Mãe querendo que a terapeuta lhe dê um *feedback* de como ela está se saindo na Terapia Familiar Breve.	• Mãe sente-se insegura em suas funções parentais.	• Trabalhar as dificuldades e inseguranças da mãe em sua posição parental. Que a mãe possa ser ajudada a elevar-se nessas funções para poder sentir-se mais competente.
• Ricardo não consegue falar sobre suas coisas. Diz que tira nota baixa, mas só consegue contar em terapia, pois se o fizer em casa tem medo de levar bronca dos pais.	• Ricardo tem dificuldade em comunicar-se diretamente com os pais, pois teme sua reação, tem receio de ser agredido.	• Ajudá-lo a sentir-se mais seguro e poder ter uma comunicação mais direta com os pais. Ajudar os pais a perceber essas dificuldades de contato e de comunicação que o filho tem em relação a eles e poder ajudá-los a superá-las.

Discurso da Família	*Hipótese*	*Objetivos Terapêuticos*
4ª Sessão		
• Mãe: Foi péssima a semana inteira. Eu já falei para eles que viria aqui e falaria que já estou decidida e vou embora de casa. Desse jeito não dá! Não há colaboração deles em nada. Sobra tudo para mim. Esta semana com o Renato doente, ele fica choramingando no meu ouvido. O Ricardo grita comigo, nem escuta o que eu falo. O Valdemar que não está nem aí com as crianças, não conversa com elas. Eles querem me enlouquecer, me ver internada. Minha hérnia de disco está terrível. Eu não agüento mais.	• A mãe tem dificuldades para desenvolver suas funções parentais. Sente-se sobrecarregada, mas não consegue delegar funções nem atribuir responsabilidades para os demais membros da família.	• Ajudar a mãe a trabalhar sua "sobrecarga", de modo que possa distribuir melhor as atribuições das tarefas na família, de forma que todos possam ter responsabilidades dentro de seus limites e de suas possibilidades.
• Pai: Eu chego do serviço cansado. Tem dias que lá de baixo, da rua, eu escuto os gritos dela com as crianças. Então já chego nervoso. Ela começa a falar e eu já mando os meninos subir e ficar no quarto.	• Dificuldade de comunicação entre os membros da família. A mãe acaba usando o pai como um intermediário para dar bronca nos filhos.	• Trabalhar a dificuldade de comunicação entre os membros da família. Que a mãe possa conversar com os filhos sem precisar usar o pai como intermediário.

Discurso da Família	*Hipótese*	*Objetivos Terapêuticos*
• Pai: Eu não gosto do jeito como ela fala com as crianças, mas não falo nada. Mãe: Ele não conversa com as crianças. É bem ignorante. Eu converso, mas eles nem me ouvem. Eu falo umas duas vezes, e eles não fazem conta. Eu começo a gritar porque parece que eles não ouvem. Porque fui criada assim. Eu ajudava, mas hoje eles não querem nem saber, não querem fazer nada... Eu não tenho a colaboração deles.	• O casal tem dificuldades de comunicação com os filhos e se relacionar entre si. Não consegue dividir adequadamente as funções parentais e acaba agredindo-se mutuamente.	• Trabalhar as dificuldades de relacionamento do casal. Trabalhar as dificuldades e inseguranças no desempenho de suas funções parentais, de modo que possam dividir as funções parentais, tanto entre si, como entre os filhos, sem precisar culparem-se ou sentirem-se agredidos por isso.
• Mãe: Logo que casamos, ele estava passando enceradeira em casa e o meu cunhado chegou e viu ele me ajudando e foi contar para a minha sogra que ele era "mariquinha", que estava ajudando a fazer o serviço de casa. Quando chegamos na casa dos pais dele, a mãe dele disse: "Ah! Então quer dizer que meu filho é 'mariquinha", fazendo serviço de mulher?' E daquele dia em diante ele não fez mais nem um café.	• O casal tem dificuldade em separar-se de suas famílias de origem. Demonstra dificuldades em se individualizar, dificuldades de sair da posição de filho e assumir a posição de pais.	• Trabalhar a dificuldade do casal em separar-se de suas famílias de origem. Demonstram dificuldades de impor limites a eles e de se individualizarem saindo da posição de filhos para poderem desenvolver-se nas funções de pais.

Discurso da Família	*Hipótese*	*Objetivos Terapêuticos*
• Pai: Eu trabalho de sábado e muitas vezes, até de domingo. Chego em casa cansado e muitas veze ela está na vizinha, conversando. Fica o tempo todo lá. Mãe: Ele tem ciúmes dela. Não gosta que eu fique lá. Mas é a pessoa com quem converso e me distraio bastante.	• O casal não consegue falar sobre seus conflitos claramente.	• Que o casal possa expressar-se clara e objetivamente um com o outro. Que possam falar o que sentem sem se agredirem.
• Mãe: Ricardo está muito respondão, mas não faz nada sem que o acompanhe. Precisa de mim para tudo. Arrumou até uma namorada, mas não quer que eu conte para o pai.	• Ricardo é muito dependente da figura materna. Demonstra dificuldade de se tornar independente de comunicar-se diretamente com o pai, necessitando que a mãe o faça por ele.	• Que a mãe possa perceber a relação de dependência do filho e que possa auxiliá-lo a ser mais independente e a relacionar-se mais diretamente com o pai, sem necessitar de intermediações.
• Mãe: Outro dia Ricardo perguntou porque ele não tinha pêlo no corpo ainda. Expliquei que ainda teria, que ele ainda não tem, mas vai ter. Quando o primo dele veio em casa e disse que já tinha pêlo no corpo, ele quis ver, e tiveram que ir ao banheiro para o primo mostrar que já tinha pêlo.	• Ricardo está tendo dificuldades em individualizar-se de sua família. Está vivendo ansiedades em relação a seu desenvolvimento fisisco.	• Reforçá-lo em seu crescimento e ajudá-lo a ir se individualizando de sua família. A poder tornar-se mais independente.

Discurso da Família	*Hipótese*	*Objetivos Terapêuticos*
• Mãe: Ricardo, você só tem tamanho. É uma criança ainda. Esses dias ele foi tomar banho. Já fazia uns dez minutos que o chuveiro estava ligado. Eu abri a porta e ele estava debaixo do chuveiro só deixando a água cair. Não tinha nem se ensaboado ainda. Eu olhei e ele estava até com cascão. Tive que esfregá-lo. Às vezes ele se enxuga sujo mesmo. Para não cheirar mal e não passar vergonha na escola, pelo menos uma vez por semana, tenho que esfregá-lo. Até os 7 anos de idade eu dava banho todos os dias nele. Agora, só uma vez por semana...	• A mãe tem dificuldades em perceber o crescimento do filho e tenta mantê-lo em uma posição mais infantilizada e dependente.	• Ajudar a mãe a perceber o crescimento do filho, pois não percebe que querendo lhe dar banho, está tentando mantê-lo em uma posição dependente e desqualificada.
• Mãe conta a tentativa da família de ter um *status* melhor, por isso pa-gam escola particular para o filho Ricardo. Pagam consórcio de um carro novo e estão comprando telefone. Com essas aquisições Ricardo pensa que os pais estão "ricos".	• A família acredita que tendo mais *status* estará em melhores condições de desenvolvimento e independência familiar.	• Reforçar a família em suas produções positivas e em suas tentativas de crescimento. E poder veri-ficar a influência desses aspectos na família como um todo.

Discurso da Família	*Hipótese*	*Objetivos Terapêuticos*
• Mãe: Ele tem ciú-mes dos filhos. Quer que eu só dê atenção a ele. Pai: Eu não posso falar nada mesmo. Não tem jeito mesmo. O melhor é eu não falar mais nada. Deixar que você faça o que quiser.	• Os pais apresentam dificuldades em se comunicar entre si e em desenvolver suas funções parentais adequadamente, sem confundi-las com as funções maritais.	• Trabalhar a dificuldade do casal em lidar e discriminar suas funções parental e marital.
• Mãe: Quando o Ricardo é contrariado fica gritando e dando escândalos, e o pai fica sempre ausente.	• Dificuldades do casal em lidar com a função parental.	• Trabalhar a dificuldade do casal em lidar com seus filhos, ao executarem suas funções parentais e como essas dificuldades repercutem em cada um deles.
• Pai: O Renato sempre briga porque o Ricardo não deixa ele brincar com seus amigos. Ricardo: Eu não vou brincar de casinha com ele. Não dá para brincar. Eu sou bem maior que ele.	• Os pais têm dificuldades em perceber e respeitar as diferenças individuais de seus filhos.	• Que os pais possam perceber as diferenças de idade entre eles e possam respeitar a tentativa de individualidade de Ricardo.
• Pai: Ricardo deu-se muito bem em computação. Melhor que seu próprio irmão e tirou dez.	• Pais com dificuldades em discriminar as diferenças individuais de seus filhos.	• Que os pais possam respeitar as possibilidades dos filhos e valorizem suas produções positivas, respeitando sua individualidade

Discurso da Família	*Hipótese*	*Objetivos Terapêuticos*
5ª Sessão		
• Os terapeutas propõem uma tarefa dentro da sessão: A família terá que desenhar a "planta" de sua casa.	• Os membros da família têm dificuldade em discriminar suas funções e competências dentro da estrutura familiar.	• Trabalhar para que a família possa perceber a função e o espaço ocupado por cada um. Que possam perceber os limites, os poderes e as hierarquias de cada um dentro da família para que possam diferenciar-se e perceberem a posição de cada um dentro da estrutura familiar.
• Mãe: Nós temos dificuldades em "namorar". Primeiro porque ele sempre chega muito cansado e depois por falta de espaço, pois só temos um quarto. E namorar mesmo só à noite, quando as crianças já foram dormir. Namoramos só no quarto. Ricardo: Ah! Não vou mais dormir. Terapeuta: Por que, Ricardo? Ricardo: Para eles não namorarem.	• O casal tem dificuldades em desenvolver suas funções maritais.	• Que o casal possa ampliar e fortalecer sua relação marital criando espaços para poderem relacionar-se mais intimamente como marido e mulher.
• O casal demonstra interesse e necessidades de atividades exclusivas do casal, como sair para jantar só ou mesmo viajar em férias.	• O casal percebe suas dificuldades de relacionamento marital e está tentando resolvê-las.	• Reforçá-los nessa necessidade e ajudá-los a criar situações em que esses momentos possam ser ampliados.

Discurso da Família	*Hipótese*	*Objetivos Terapêuticos*
• Os terapeutas deram uma tarefa dentro da sessão: Todos os membros da família deveriam desenhar três portas, numerá-las de 1 a 3 e depois imaginarem o que encontrariam ao abrir cada porta. Depois disso, os terapeutas disseram para que eles pensassem que a porta nº 1 seria o passado, a nº 2 o presente e a nº 3, o futuro, e o que isso teria a ver com a vida deles.	• A família tem dificuldades em enfrentar seus conflitos. Não consegue demonstrar seus sentimentos nem coloca suas expectativas em relação a suas vidas.	• Trabalhar para que possam aparecer na família as dificuldades atuais. Que possam aparecer situações difíceis do passado e apareçam, também, as expectativas quanto ao futuro. E de como todos esses aspectos estava interferindo na família como um todo.
• Pai: Eu tenho conversado mais com os meninos. Estamos até saindo para jogar bola. Mãe: Ah! Mas ainda falta muito para ficar bom. Pai: Ela não entende que não é fácil mudar de uma hora para outra. Puxa! Eu tô tentando e acho que estou melhorando.	• O pai tem dificuldades em relacionar-se diretamente com os filhos. A comunicação entre eles é difícil e ocorre por intermédio da mãe.	• Conotar positivamente a atitude do pai e incentivá-lo a continuar ampliando seu relacionamento com o filho valorizando essa interação e elevando o pai na hierarquia da família. Trabalhar as expectativas da mãe e fazê-la perceber como desqualifica as tentativas de melhora do marido.

Discurso da Família	*Hipótese*	*Objetivos Terapêuticos*
• Ricardo: Os meninos da escola não gostam de mim... Eu quero cortar o cabelo arrepiado e colocar brinquinho. Pai: Que é isso Ricardo? Estou te estranhando... Mãe: É? Mas você esqueceu da época em que você usava cabelos compridos, óculos redondinhos e usava bolsa tiracolo?	• Ricardo tem dificuldades em individualizar-se como pessoa. Encontra-se ainda em uma posição de dependência, principalmente da mãe.	• Ajudar o filho na sua tentativa de individualização conotando essas atitudes como uma possibilidade de crescimento de escolha e não pejorativamente como desqualificação, agressividade e rebeldia.
• Ricardo: Mãe, você precisa ir lá na escola. A professora mandou. Mãe: Por que você não contou lá em casa? Tem medo que vamos te bater? Ricardo: Não! Aqui é psicóloga. Tem que falar a verdade.	• Ricardo tem dificuldades em comunicar-se abertamente e diretamente com os pais. Acaba fazendo-o muitas vezes por intermediários (professora, amigos, psicólogas).	• Trabalhar a dificuldade do filho Ricardo em comunicar-se diretamente com a mãe, para que possa fazê-lo sem necessitar de intermediários.
• Ricardo: Eu gosto que minha mãe arrume minhas coisas para ir para a escola. Terapeuta: Você gosta que ela te trate como um bebê? Ricardo: Ah! Não! Eu não gosto desse negócio de ela me dar banho.	• Ricardo está tentando individualizar-se como pessoa e em muitos momentos fica confuso, tendo comportamentos oscilantes entre permanecer infantil ou tornar-se adulto.	• Trabalhar a luta de Ricardo no sentido da sua individualização e de como ainda se sente inseguro. Tendo comportamentos, ora mais independentes, ora mais dependentes.

Discurso da Família	*Hipótese*	*Objetivos Terapêuticos*
• Ricardo: A próxima vez que viermos aqui, é meu aniversário. Mãe: Ainda não. É daqui a duas semanas. Ricardo: Quero comemorá-lo aqui. Pai: Fazer a festa aqui? Ricardo: É.	• Necessidade de Ricardo de individualizar-se tendo a exclusividade de seu aniversário.	• Trabalhar como a família lida com ocasiões de comemorações, como as valorizam e como se relaciona com elas. Como percebe a necessidade de Ricardo de marcar seu aniversário.
7ª Sessão		
• As terapeutas dão uma tarefa dentro da sessão para que cada membro da família escolha uma série de animais e lhes dê vários atributos.	• Os membros da família têm dificuldades em demonstrar emoções e sentimentos. Conseguem fazê-lo através de intermediários (terapeutas). A expressão de seus afetos fica bloqueada.	• Que a família perceba sua dificuldade em comunicar-se abertamente, no que diz respeito às suas emoções e a seus sentimentos. Que possa ampliar esse tipo de comunicação e relacionamento no seu dia-a- dia.
• Mãe: O Ricardo não está cumprindo a tarefa que vocês deram para que ele estudasse um pouco cada dia.	• Há dificuldades na família em colocar limites claros, por isso é difícil que hábitos, como o de estudar, sejam criados.	• Trabalhar as dificuldades que Ricardo tem em criar hábitos de estudos. E como pode realizar essa tarefa de manei-ra prazerosa e satisfatória. Trabalhar a dificuldade dos pais em ajudar Ricardo a criar esses hábitos de estudo.

Discurso da Família	*Hipótese*	*Objetivos Terapêuticos*
• Ricardo: Eu quero mudar de escola. Quero voltar à anterior. Lá eu tinha um grande amigo. Se eu voltar para lá, prometo que vou estudar todos os dias. Você vai ver, mãe. (Terapeutas dão uma tarefa para Ricardo realizar em casa. Pegar uma folha de sulfite e escrever os dias da semana e marcar com um tracinho o dia em que estudou. Depois trazê-lo na próxima semana para mostrar aos terapeutas.)	• Ricardo tem dificuldades em relacionar-se. Fica inseguro ao ter que conviver em um novo ambiente. Esse problema acaba intensificando sua dificuldade escolar, pois fica tenso e não consegue concentrar-se nem ter a atenção necessária para estudar.	• Trabalhar as dificuldades de Ricardo em relação a fazer novos amigos e ao envelhecimento que o casal demonstrou sentir.
• Mãe: Eu gostaria de ter um comércio que fosse só meu. Gostaria de voltar a estudar, mas me sinto velha para isso. Na minha idade já não dá mais. Pai: Aqui no nosso país infelizmente com 40 anos você é considerado velho... Não me pegam em algumas firmas com horários fixos porque sou velho.	• O casal demonstra sentir necessidade de ampliar seu campo profissional, mas sentem-se inseguros quanto à sua capacidade de consegui-lo. Ele tem preocupações quanto à velhice e como pode ficar prejudicado profissionalmente com o passar do tempo.	• Incentivar a mãe em suas expectativas positivas de produzir algo valorizando e fazendo com que perceba sua capacidade para realizá-lo. Trabalhar as expectativas negativas e pessimistas do pai em relação ao futuro que o casal demonstrou sentir.

Discurso da Família	*Hipótese*	*Objetivos Terapêuticos*
• Mãe: Já tive até depressão ao perceber que estou ficando velha e não consegui nada na vida. Os filhos crescendo... Quando chegar a velhice vou ficar sozinha. Pai: Vamos ser dois caducos juntos.	• A mãe teme que com o crescimento dos filhos ela fique velha e abandonada. Exclui o marido da relação, mas ele se faz presente.	• Ajudar a mãe a sair dessa posição pessimista e perceber como exclui o marido. Ajudar os pais a ver aspectos mais positivos no envelhecimento. Que possam pensá-lo como algo prazeroso e não destrutivo. Que possam pensar em algo que poderiam realizar depois de aposentados, incentivando-os a continuar produzindo

8ª Sessão

• A família comenta sobre o aniversário de Ricardo que é naquele dia. Ricardo: Eu fui até jogar bola hoje.	• A família tem determinadas expectativas quanto a datas comemorativas. O aniversário de Ricardo tem a ver com aspectos de sua maior independência e sua tentativa de individualizar-se.	• Trabalhar com a família comemora os dias marcantes. Qual é a importância que dão a esses dias comemorativos. Como os percebem.

Discurso da Família	*Hipótese*	*Objetivos Terapêuticos*
• Mãe: O Ricardo não cumpre a tarefa de estudar todos os dias como vocês disseram. Terapeutas: Nós exageramos. Duas horas eram muito. Meia hora também é difícil, você não consegue... O ideal seriam cinco minutos.	• A mãe usa a autoridade do terapeuta em relação a Ricardo, pois não se sente em condições de exercer sua própria autoridade.	• Trabalhar as dificuldades de Ricardo em sua organização para as atividades escolares. Desafiá-lo em sua competência para que possa superar-se. Trabalhar a dificuldade da mãe em ajudá-lo nessas dificuldades escolares diretamente, sem que precise de intemediários.
• Pai: Ela não tem mais paciência para estudar com Ricardo, mas esta semana eu consegui ajudá-lo em suas dificuldades com o inglês, inclusive o ensinei a usar o dicionário.	• O pai sente-se incapaz de auxiliar o filho em suas dificuldades.	• Valorizar o interesse do pai em auxiliar o filho e incentivá-lo a ampliar seu relacionamento com o filho.
• Mãe: Eu pensei em levá-lo (Ricardo) ao neurologista para fazer uma tomografia para ver se tem algo a mais na cabeça dele. Um eletro que ele fez deu hiperatividade.	• A mãe se sente insegura com as dificuldades do filho e procura uma justiticativa, mesmo que orgânica, para explicar essas dificuldades.	• Que a mãe possa ver e compreender as reais necessidades de seu filho, sem precisar ampliá-las demasiadamente.

Discurso da Família	*Hipótese*	*Objetivos Terapêuticos*
• Mãe: O Renato é ótimo aluno. Só tira notas boas. Não dá trabalho. O Ricardo tinha que ser igual a ele.	• A mãe procura uma similaridade entre os filhos, pois se isso acontecesse ela ficaria mais segura em lidar com as dificuldades.	• Que a mãe possa perceber e respeitar as diferenças dos filhos. Que não procure uma similaridade entre eles, que não é possível nem positivo.
• As terapeutas dão uma tarefa para a família: mãe, pai e Renato. Eles terão que fazer um presente de aniversário para dá-lo a Ricardo no final da sessão, já que é seu aniversário (pirografar um porta- retrato de madeira).	• A família, principalmente os pais, desqualificam Ricardo. São muito críticos e intransigentes com ele.	• Trabalhar junto à família para que eles possam valorizar Ricardo, elevando-o em sua competência e colocá-lo em uma posição em que possa receber coisas boas da família.
• Ricardo: Agora estou com 12 anos. Muitas coisas vão mudar.	• Ricardo quer ter maior independência em seu ambiente, embora às vezes fique muito confuso com isso e tente manter-se em uma posição de dependência.	• Trabalhar suas expectativas, bem como as de toda a família em relação ao desenvolvimento dos filhos. Trabalhar sua evolução e o caminho para uma maior independência.

9ª Sessão

• Mãe: Nós faltamos à sessão passada porque o Valdemar teve um ataque de úlcera.	• A família parece usar de somatizações para lidar com situações difíceis.	• Ver como é que a família trabalha com as dificuldades orgânicas que aparecem dentro da família. Que importância dão a elas.

Discurso da Família	*Hipótese*	*Objetivos Terapêuticos*
• Mãe: No início do casamento eu tive muitas dificuldades em fazer comida. E tive dificuldade para me adaptar à família dele, pois eles não eram muito unidos, enquanto que a minha era muito. Pai: Eu também tive dificuldades, pois a família dela era muito próxima e eu era acostumado a resolver tudo sozinho. Mãe: Eu queria ter filhos logo, ele não. Hoje vejo que ele tinha razão e invejo quem esperou de cinco a seis anos para ter filhos. Ele tinha ciúmes no nascimento dos filhos, principalmente de Ricardo. E Ricardo teve ciúmes do irmão, pois queria uma menina. Quando Ricardo entrou na escola eu trabalhava e foi muito angustiante para mim a sua entrada na escola. Ricardo foi expulso do maternal. Era hiperativo. Foi medicado, mas ficou largadinho, por isso parei o tratamento.	• O casal teve dificuldades para se adaptarem ao casamento. Ambos estavam muito ligados a suas família de origem. O casal teve dificuldades em separar a função parental da função marital. Ficavam confusos e não conversavam a respeito.	• Trabalhar as diferenças das suas famílias de origem. As expectativas que tinham em relação à formação da própria família. Que possam perceber as fases pelas quais já passaram desde o início do casamento e o que ainda podem passar, como algo comum e esperado dentro do ciclo de vida familiar.

Discurso da Família	*Hipótese*	*Objetivos Terapêuticos*
• Ricardo: Ah! Quero ver quando eu tiver 18 anos. Pai: Quando a gente começa a pensar que logo, logo, ele vai se tornar independente, que não teremos mais controle sobre ele, dá um medinho. Mãe: Dá um pavor. E pelo jeito que ele fala, que sempre falou, dá para perceber que ele quer ser mesmo bastante independente. Então assusta um pouco.	• Os pais têm dificuldades em lidar com o crescimento dos filhos. Parecem estar fixados a fases anteriores de desenvolvimento dos filhos, como a primeira infância, em que tinham um maior controle sobre eles.	• Trabalhar as dificuldades dos pais em lidar com o envelhecimento, pois encaram o crescimento e o amadurecimento dos filhos como algo assustador e problemático. Os pais temem perder o controle sobre os filhos.
• Mãe: Nós costumamos conviver com os amigos de nossos filhos. Nós os incentivamos a virem fazer trabalhos em casa e sempre os recebemos bem. Ricardo: Eles adoram vocês. Acham você superlegal.	• Os pais incentivam a vinda dos amigos dos filhos a sua casa como uma forma de controlá-los. Têm dificuldades em apoiar a independência deles.	• Que os pais possam perceber e apoiar as tentativas de independência dos filhos, ao ampliarem seus relacionamentos sociais, sem sentirem-se ameaçados ou abandonados por essa atitude deles. Que essa atitude dos pais seja uma forma de crescimento e não de controle.

Discurso da Família	*Hipótese*	*Objetivos Terapêuticos*
• Pai: Eu me preocupo com as drogas.	• O pai teme que seu filho tenha problemas e que ele não tenha controle ou mesmo desconheça a situação.	• Trabalhar essas preocupações como gerais que qualquer pai deve ter para que se possibilite uma boa relação entre pais e filhos. Que eles possam realmente orientá-los em suas dúvidas e dificuldades.
• Pai e mãe falam como se sentem melhor para investir em uma nova carreira profissional para eles. Pai: Hoje em dia, com 40 anos já somos velhos. Mãe: Se eu fosse nova poderia voltar a estudar.	• Os pais estão tendo dificuldades em lidar com a nova fase de desenvolvimento do ciclo vital pelo qual estão passando. Têm expectativas angustiantes e pessimistas sobre o seu futuro próximo.	• Trabalhar as dificuldades do casal em lidar com o aspecto de crescimento e envelhecimento. Que possam ter uma atitude mais positiva em relação ao amadurecimento e às novas fases da vida pelas quais todos passamos.
• Pai: Ela quer que eu seja igualzinho a ela. Que lhe conte tudo o que acontece comigo, tintim por tintim.	• A mãe sente-se insegura com o comportamento do marido que é diferente do seu.	• Trabalhar as dificuldades do casal em aceitar as diferenças individuais, sem sentirem-se ameaçados com isso.
• Mãe: Eu tenho vontade de trabalhar em casa e depois que eu 'crescesse' poderia abrir um comércio só meu.	• A mãe tem expectativas quanto às suas possibilidades produtivas, mas sente-se insegura para realizá-las.	• Incentivá-los em suas expectativas e trabalhar para que possam concretizar suas intenções.

Discurso da Família	*Hipótese*	*Objetivos Terapêuticos*
• Pai e mãe falam das expectativas em relação às escolhas profissionais dos filhos. De sua independência e de como isso os assusta.	• Os pais sentem-se inseguros e angustiados em relação à possibilidade de independência dos filhos. Tentam mantê-los em uma posição de dependência sem perceber o que fazem.	• Trabalhar as dificuldades do casal em enfrentar essa fase de desenvolvimento e maior independência dos filhos. De como se sentem sozinhos e desprotegidos para enfrentar as exigências que essa nova fase trará.
• Ricardo: Eu e meu pai vamos fazer um curso de computação juntos. Pai: Agora ele vai ter que me ensinar, porque ele já começou o curso e eu ainda não.	• O pai tenta aproximar-se do filho em uma atitude mais positiva e afetiva.	• Incentivá-lo e valorizar a relação mais íntima e estreita entre eles, e como um pode auxiliar o outro, cada um a seu modo.

10ª Sessão

• Ricardo: Eu queria ter uma sessão só com meu pai. Mãe: Assim vocês poderiam falar mal de mim. Eu sei que sou muito nervosa e brigo muito, principalmente com o Ricardo.	• A mãe sente-se ameaçada e abandonada com a proximidade do filho com o pai, pois sente-se excluída dessa relação.	• Ajudar a mãe a não se sentir ameaçada com essa aliança do filho com o pai, e sim que possa valorizá-la.

Discurso da Família	*Hipótese*	*Objetivos Terapêuticos*
• Mãe: Eu não consigo controlar a eles. Não me obedecem, não me respeitam. Gritam e são mal-educados. Fracassei como mãe. Pai: Também me sinto um fracasso.	• Os pais sentem-se ameaçados com a maior independência dos filhos. Sentem-se fracassados com a possibilidade de perderem o controle sobre o comportamento deles.	• Trabalhar as dificuldades do casal em lidar com os filhos. Como se sentem desvalorizados perante essas dificuldades, devem trabalhar para que possam superá-las e se tornarem mais competentes.
• Ricardo: Todos estão contra mim, não adianta eu falar nada... Eu não gosto da amiga da minha mãe nem do meu tio que só sabe falar mal de nós. Mãe: Eu me afastei dela por você, mas você não merece. Não faz nada para melhorar.	• Ricardo sente-se excluído do relacionamento de amizade da mãe com outras pessoas, sente-se abandonado por ela, ficando inseguro sobre o afeto dela por ele.	• Trabalhar com Ricardo essa sensação de punição e abandono. Que possa perceber o uso que ele e a mãe fazem dessa situação.
• O casal discute por problemas ocorridos em suas famílias de origem... Ricardo: Vocês parecem criança... vão acabar se separando por causa dessas brigas e eu não vou querer ficar com nenhum de vocês. E vocês, mesmo separados, ainda vão continuar brigando por telefone.	• O casal apresenta conflitos entre si devido a problemas não resolvidos com sua família de origem. Ricardo percebe a situação e sente-se angustiado com isso.	• Que o casal possa perceber a dificuldade em se desvincular de suas famílias de origem e assumirem totalmente a família atual como sendo de responsabilidade única e exclusiva deles.

Discurso da Família	*Hipótese*	*Objetivos Terapêuticos*
• Mãe: Eu sou mesmo um fracasso como mãe. Pai: Não é isso. É que as pessoas vão perdendo a paciência mesmo.	• A mãe fica insegura quanto a seu papel parental. O marido a apóia, pois também é inseguro em sua função parental e pode compreender a angústia da mãe.	• Ajudar a mãe a sentir-se mais competente e perceber que pode contar com o apoio do marido.
• Mãe: Quando eu era criança tinha medo de perder a minha mãe. Quando ela ficava quieta, dormindo, eu tinha a impressão de que ela havia morrido. Acho que passei esse medo para o Ricardo e acho que ele tem medo por isso. Eu tive dificuldade em estudar depois que o Ricardo nasceu.	• A mãe sente-se insegura em sua função parental, pois ainda está muito ligada a conflitos com sua família de origem.	• Que a mãe possa continuar trabalhando suas dificuldades com sua família de origem para que possa individualizar-se cada vez mais e possa elevar-se em sua competência e hierarquia dentro da família nuclear (marido e filhos).
• Pai: É. O Ricardo não quer estudar e se ele não estudar terá dificuldades como eu tenho agora para arrumar bons trabalhos por não ter estudado.	• O pai sente-se inseguro, incompetente e insatisfeito em suas funções profissionais.	• Que os pais possam discriminar as dificuldades que tiveram na infância das que seus filhos estão tendo agora para poder ajudá-los em seu crescimento e mesmo a ajudar-se, podendo elevar a sua auto-estima, que anda baixa, tanto em relação às funções parentais quanto às funções maritais.

Discurso da Família	*Hipótese*	*Objetivos Terapêuticos*
11ª Sessão		
• Terapeutas trabalham o que cada um 'levou' da Terapia Familiar Breve. Mãe: Eu vou levar o estar junto, me descobrindo. O carinho que vocês nos deram, as orientações de como agir com o Ricardo. Pai: Eu vou levar a compreensão, a atenção, o carinho e a paciência que vocês tiveram para nos escutar. Com isso aprendi a ter mais paciência com eles. Ricardo: Estou levando que aprendi a não ser mentiroso. Aprendi que tenho que estudar, obedecer a meus pais, conversar com eles e, se pudesse, levaria as terapeutas para minha casa. Renato: Vou levar as brincadeiras, a alegria, a conversa e que minha mãe chorou.	• Os pais puderam perceber suas dificuldades em se relacionar com seus filhos. Perceberam suas inseguranças como pais e como marido e mulher. Os filhos perceberam os conflitos dos pais e puderam perceber seu relacionamento com eles.	• Verificar se a família pôde se ver de forma diferente, se pôde perceber suas mudanças e evoluções dentro do processo terapêutico.

IV. Posição de cada membro da família ao final da Terapia Familiar Breve

Pai

• Mostrando-se mais competente em lidar com os filhos.

• Conseguindo sair para jogar bola com Ricardo.

• Pensando em fazer um curso de computação junto com o filho Ricardo.

• Percebendo que critica muito o Ricardo e que reclama com Renato achando que ele é igual ao Ricardo, percebe como isso pode prejudicá-los e que não é justo criticá-los dessa maneira nem compará-los.

• Conversando mais com todos e tendo mais paciência no ambiente familiar.

• Tendo melhor relacionamento com a esposa e a entendendo melhor.

• Apoiando a esposa a voltar a estudar.

•Apoiando a ter um trabalho autônomo, montando um comércio (fazer bolos para fora).

• Pensando em negociar com a firma para poder dar continuidade a seus estudos na faculdade de Engenharia.

Mãe

• Tendo maior compreensão das dificuldades de Ricardo e podendo ajudá-lo mais adequadamente.

• Podendo auxiliar Ricardo em seus estudos sem irritar-se. Pensando em colocar-lhe um professor particular.

• Podendo também auxiliar Renato em suas dúvidas escolares.

• Conversando mais com os filhos, evitando gritar.

• Pensando em voltar a estudar.

• Pensando em montar um comércio, como autônoma, podendo trabalhar em casa (fazer bolo), para futuramente expandir.

• Conversando mais com o marido sem criticá-lo nem culpá-lo pelas dificuldades de relacionamento com os filhos.

• Tendo maior compreensão em relação à família de origem do marido, não se sentindo invadida por eles.

• Pensando em ter maior número de saídas com o marido para se relacionarem melhor a dois, sem se preocupar com os filhos.

Ricardo

• Conseguindo lidar um pouco melhor com suas dificuldades escolares. Recebendo ajuda da mãe sem ser agredido por ela.

• Organizando seus horários para poder estudar, poder jogar bola e fazer um curso de computação junto com o pai.

• Continuando com sua medicação e tratamento neurológico, sem sentir-se ameaçado por ele e compreendendo que isso o ajudará a desenvolver-se.

• Podendo aceitar um professor particular para auxiliá-lo em suas dificuldades escolares.

• Podendo relacionar-se melhor com o irmão, brincando mais com ele.

Renato

• Relacionando-se melhor com o irmão.

• Relacionando-se melhor com a mãe, percebendo que ela fica triste e chora quando está com problemas.

• Querendo brincar mais e ficar mais alegre em sua vida.

Conclusão

Visto que nosso objetivo era estabelecer uma base teórico-técnica com vistas a uma nova abordagem terapêutica em clínicas-escola construímos um modelo mais simples, prático e adequado ao nível dos terapeutas-estagiários e da clientela, com implicações de uma avaliação dos efeitos dessa abordagem sobre as famílias atendidas no sentido de estabelecer em que medida o tratamento favoreceria sua evolução e/ou quais mudanças ocorreriam e como ocorreriam, examinaremos as condições em que o trabalho se realizou; de que maneira os terapeutas-estagiários desempenharam suas funções e como se deu o processo de supervisão, o acompanhamento de todo o desenvolvimento da terapia e, finalmente, as implicações da implantação desse trabalho em clínicas-escolas e outras instituições dedicadas à saúde mental.

Podemos considerar que o trabalho atingiu plenamente seus objetivos, pois em todas as famílias ocorreram mudanças significativas, das quais enfatizamos o desaparecimento da queixa e da figura do paciente identificado (PI).

O desaparecimento da figura do PI ocorreu em todas as famílias, mesmo naqueles casos em que se evidenciaram problemas orgânicos, como lesão cerebral ou nas famílias que não puderam concluir as dez sessões. A família de um paciente com lesão cerebral, por exemplo, pôde conhecer a extensão do problema desse paciente e passou a tratá-lo de maneira adequada, ou seja, não exigindo dele desempenhos superiores às suas possibilidades. Outra família compareceu a cinco sessões e pôde perceber a existência do conflito marital que viviam. O casal deixou de usar o filho como intermediário de sua disfunção e decidiu inscrever-se em terapia de casal.

Quanto à queixa, em algumas famílias, aconteceu de, ao desaparecimento da queixa inicial suceder uma outra e, desaparecendo esta, surgir uma terceira. A queixa inicial desaparecia, freqüentemente, já nas primeiras sessões. Todas as 'novas' queixas, trabalhadas desde o início, desapareceram no decorrer das sessões. Portanto, foram resolvidas, tanto a queixa inicial quanto aquelas que foram aparecendo.

Além dessas, várias outras mudanças ocorreram no sistema familiar como um todo.

Os pais passaram a desempenhar adequadamente as funções parentais e a discriminá-las das funções maritais. Essa discriminação possibilitou que a maioria dos casais tivesse, entre si, um convívio mais harmonioso. Outros compreenderam a necessidade de uma terapia de casal. Houve, ainda, um casal que achou melhor não tentar uma reconciliação, mas compreendeu que a separação não implicava em abdicar das funções parentais.

Chamou-nos a atenção o fato de que algumas ocorrências foram comuns a quase todas as famílias.

Uma dessas ocorrências diz respeito à constituição das famílias. Das doze famílias, dez eram do tipo tradicional, ou seja, constituída pelo casal e filhos. As outras duas apresentavam constituições diferentes: uma era trigeracional, compreendendo a avó, a mãe, viúva, e suas duas filhas; a outra era constituída por uma mãe solteira e seu filho, sendo que o pai do menino compareceu às sessões.

Outras ocorrências comuns observadas foram: a influência da família de origem sobre a família atual, cada um dos cônjuges tinha dificuldade de separar-se de sua família de origem, ou discriminar entre as funções parentais e maritais, com maior prejuízo para as funções parentais (todas as famílias); o desaparecimento da figura de paciente identificado (PI) no decorrer da terapia (todas as famílias); a assiduidade às sessões, com faltas ocasionais de algum membro, geralmente por imposições de suas atribuições cotidianas, e uma ou outra falta em virtude da mobilização provocada pela sessão anterior (todas as famílias); a comunicação adequada de todos os membros durante as sessões (todas as famílias).

Julgamos oportuno apontar algumas peculiaridades dos procedimentos, compatíveis com as premissas da Terapia Fami-liar Breve.

Houve casos que requereram intervenções instrutivas para que se pudesse orientar a família a procurar procedimentos diagnósticos mais adequados. Trata-se de famílias cujos membros apresentavam problemas evolutivos, com acentuadas lesões cerebrais, para os quais, naquele momento, o mais adequado seria buscar um recurso mais específico, como foi o caso de uma família em que todos os membros estavam intelectualmente prejudicados e esse atendimento específico poderia oferecer-lhes ajuda mais eficiente para os problemas apresentados possibilitando-lhes encontrar meios mais eficazes para fazer frente às vicissitudes e, mais confiantes, tivessem uma integração social mais adequada, um futuro mais promissor. As intervenções instrutivas objetivaram obter que a família compreendesse a necessidade e soubesse como utilizar os recursos oferecidos pela comunidade para os quais foram encaminhados, de acordo com as especificidades de cada membro ou subsistema: terapia de casal, neurologia, tratamento psicomotor, fonoaudiologia e classe de educação especial.

No atendimento de duas famílias houve a necessidade de se separar o casal dos filhos e fazer sessões só com o casal, porque ficou claro, para a equipe terapêutica, que muitos assuntos ligados às funções maritais estavam prejudicando o relacionamento de toda a família e que na discussão desses assuntos, não cabia a presença das crianças.

Quanto à supervisão, a Terapia Familiar Breve permite que o acompanhamento do atendimento seja feito passo a passo. Foi mantido um esquema, que implicava em retomar pontos essenciais da estrutura familiar, suficientes para que o estudante desse nível de aprendizagem pudesse realizar um bom trabalho. Nesse ponto, cabe lembrar que o enquadre e a maneira de proceder da Terapia Familiar Breve equipara-a com qualquer outra atividade de estágio de terapia já existente nas clínicas-escola, tais como psicoterapia de crianças, de adolescentes, de adultos, de grupos e outras.

Vários aspectos puderam ser observados a partir da supervisão: os estudantes de psicologia com o mesmo grau de escolaridade dos que participaram desta experiência serão capazes, como estes foram, de realizar um bom trabalho, pois a Terapia Familiar Breve possibilita que sejam instrumentalizados com premissas básicas claras e objetivas, acompanhados proximamente pela supervisão e orientados, tanto para a análise dos pontos estruturais quanto para a manutenção do foco no problema, como convém a qualquer terapia breve.

Uma análise detalhada das implicações da Terapia Fami-liar Breve para o estudante-estagiário demandaria um estudo em profundidade, não cabendo, portanto, no presente trabalho. Contudo, embora o exame do desempenho do estagiário não fosse objeto de nosso trabalho, consideramos oportuno tecer alguns comentários a esse respeito.

De início havia alguns receios quanto à possibilidade de surgirem algumas dificuldades. Receávamos que a crença de alguns estagiários de que é mais difícil atender uma família do que atender uma pessoa, individualmente, viesse a criar embaraços para o progresso da psicoterapia. Esse receio não se concretizou. Outro motivo de receio, que mostrou ter seu fundamento em pelo menos duas oportunidades, era que alguns casos pudessem trazer ressonância para alguns terapeutas. Houve ressonância com uma das terapeutas que atendia a uma família em que o PI era fóbico e se recusava a ir para a escola. Acontece que a terapeuta tinha passado por experiência semelhante em sua vida pessoal. Certa ocasião coube-lhe levar, diariamente, sua sobrinha para a escola. A menina recusava-se a entrar, chorava e ficava muito triste. Nessa oportunidade a terapeuta sentira-se triste e impotente. Ao atender a família, as lembranças da situação de tristeza e constrangimento que vivera vinham-lhe, tão fortemente, que lhe criavam dificuldades em lidar com a queixa.

Um outro caso de ressonância ocorreu com a parte masculina do casal de terapeutas. Nessa família, o pai era um metalúrgico, especiliazado em mecânica e o terapeuta-estagiário, também um mecânico especializado, sentia dificuldade em manter o suficiente distanciamento terapêutico por ter vivido as mesmas dificuldades profissionais que o paciente expunha. Essas ressonâncias, e outras menos notórias, foram discutidas na própria supervisão, visto que não apresentavam maiores complicações.

Consideramos que, para a clínica, o trabalho foi, também, proveitoso, pois como esse permite atender várias famílias em cada semestre com a participação de todos os alunos nesse atendimento, ela pode oferecer um recurso a mais, tanto para a comunidade como para o aluno, na forma de uma modalidade de atendimento que se mostrou eficaz.

Parece-nos, portanto, relevante para a conclusão deste trabalho registrar nossa convicção de que a Terapia Familiar Breve, praticada pelos procedimentos que adotamos, pode ser realizada, sistematicamente, nos estágios supervisionados da clínica-escola desta instituição ou de qualquer outra semelhante; ou, até mesmo, em outros tipos de instituição que trabalham com saúde mental.

Bibliografia

ACKERMAN, N. W. (1986) — *Diagnóstico e Tratamento das Relações Familiares* — Artes Médicas, Porto Alegre, 1986. Tit. Orig. *The Psychodynamics of Family Life — Diagnosis and Treatment of Family Relationships* (1958).

ANDOLFI, M (1980) — A Terapia Familiar — Vega, Lisboa Tit. orig. *La Terapia con la Famiglia* (s/ref)

ANDOLFI, M (1991) — *Crise de Casal e Terapia Trigeracional* in Família (Nova Série), vol. 1, nº 4, 1991, Fortaleza, Fundação Projeto Diferente.

ANDOLFI, M. e ANGELO, C. (1989) — Tempo e Mito em Psicoterapia Familiar — Artes Médicas, Porto Alegre, 1989. Tit. orig. *Tempo e Mito nella Psicoterapia Familiare,* Boringuiere, Torino, Itália (1987).

ANDOLFI, M. e ANGELO, C. (1991) — *Tres generationes en terapia* — ASIMA, Buenos Aires, Sistemas Familiares, año 7, nº 1, p. 9.

APONTE, H. J. e VanDeusen, J. M. (1981) — *Structural Family Therapy* — Gurman, New York, Handbook of Family Therapy.

BEBCHUK, J. (1991) — *Circularidad: concepto teórico e instrumento clínico* — ASIMA, Buenos Aires, Sistemas Familiares, año 7, nº 3, p. 7.

BODIN, A. M. (1981) — *The Interactional View: Family Therapy Approaches of the Mental Research Institute* — Gurman, New York, Handbook of Family Therapy.

BOSCOLO, L. *et al* (1993) *Psicoterapia Familiar* — Artes Médicas, Porto Alegre, 1993. Tit. orig. *Milan Systemic Familu Therapy.*

BROWN, S.; MARCIA, D. (1992) — *Myths of brief family therapy task intervention.* Contemporary Family Therapy an International Journal, 1992, Apr. vol. 14 (2) 149-169.

CADE, Brian, *Brief/Strategic Approaches to Therapy: A Comentary*, in Education Update, ANZ J Fam Ther, 8:1, p. 37-44.

CARNEIRO, T. F. (1975) — *Um Novo Instrumento Clínico de Avaliação das Relações Familiares* — Dissertação de Mestrado — PUC-RJ.

CARNEIRO, T. F. (1983) — *Família: Diagnóstico e Psicoterapia* — Zahar, Rio de Janeiro, 1983.

CARTER, B. e MCGOLDRICK, M. (1995) — As Mudanças no Ciclo de Vida Familiar: Uma Estrutura para a Terapia Familiar — Artes Médicas, Porto Alegre — RS, 1995 Tit. orig. *The Changing Family Life Cycle: a Framework for Family Therapy* Allyn and Bacon, 1989.

CARVALHO, M. A. (1988) — *Atuação Psicológica: Uma Análise das Atividades Desempenhadas pelos Psicólogos* in Quem é o Psicólogo Brasileiro/Conselho Federal de Psicologia EDICON, São Paulo

CASABIANCA, R. e Hirsh, H. (1989) — Como Equivocarse Menos en Terapia: Um Registro para el Modelo MRI Centro de Publicaciones Universidade Nacional Del Litoral.

CASEY, J. A. BUCKAN, L. G. (1991) — *Family approaches to school psycologyly: brief strategic family intervention.* School Psycology International, 1991, Nov. vol.12 (4) 349-353.

CERVENY, C. M. O. (1992) — *A Família Como Modelo: Influência da Repetição de Padrões Interacionais das Gerações Anteriores nos Problemas da Família Atual* — Tese de Doutorado — PUC-SP.

CERVENY, C. M. O. (1994) — A Família Como Modelo: Desconstruindo a Patologia Editorial Psy II, São Paulo.

DE SHAZER, S. (1986) — *An indirect approach to brief therapy.* Family Therapy Collections, 1986, vol. 19 48-55

DE SHAZER, S. (1986) — *Terapia Familiar Breve* — Summus, São Paulo Tit. orig. *Patterns of Brief Therapy: An Ecosystemic Approach* The Guilford Press, 1982.

ELKAÏM, M. (1990) — *Se Você Me Ama, Não Me Ame — Abordagem Sistêmica em Psicoterapia Familiar e Conjugal* — Papirus, Campinas tit. orig. *Si tu m'aimes, ne m'aime pas — Approche Systémique et psychotérapie* — Editions du Seuil, 1989.

FOX, W. (1987) — *Short-term, goal-oriented family therapy.* Social Casework, 1987, Oct. vol. 68 (8) 494-499.

FREIDMAN, S. (1990) — *Towards a model of time-effective family psychoterap — A view from a Health Maintenance Organization (HMO).*Journal of Family Psychotherapy, 1990, Vol.1 (2),1-28.

GUERIN, P. J. (1976) — *Family Therapy Theory and Practice* Gardner Press Nova York.

HALEY, J. (1979) — *Psicoterapia Familair* — Interlivros, Belo Horizonte Tit. orig. *Problem Solving Therapy,* Jossey-Bass, 1976.

HEATH, A.; ATKINSON, B. J. (1989) — *Solutions attempted and considered: Broadening assessment in brief therapy.* Journal of Strategic and Systemic Therapies, 1989, Sum-Fal vol. 8 (2-3) 56-57.

JAMES, J. e MACKINNON, L. K. — *Theory and Practice of Structural Family Therapy: Illustration and Critique* — Education Update, ANZ- Family and Therapy, 7: 4, pp. 223-233

KEENEY, B. P. (1995) — *A Improvisação em Psicoterapia — Guia Prático para Estratégias Clínicas Criativas* — Editorial Psy, Campinas, 1995. tit. orig. *Improvi-sational therapy — A pratical guide for creative clinical strategies.*

KIRKBY, R. J., SMYRNIOS, K. X. (1990) — *Child-oriented family therapy outcome research: Comparison between brief family therapy and an alternative treatment.* Australian and New Zealand Journal of Family Therapy, 1990, Jun vol. 11(3) 75-84.

KRAL, W.; KOWALSKI, K. (1989) — *After the miracle: the second stage in solution focused brief therapy.* Journal of Strategic and Systemic Therapies, 1989, Sum-Fal vol. 8 (2-3), 73-76.

LARRABURE, S. N. L. (1982) — Grupos de Espera: Contribuição para Atendimento Psicológico em Instituição — Dissertação de Mestrado — PUC-SP

LESER, W. — Crescimento da população da cidade de São Paulo entre 1950 e 1970 e seu reflexo nas condições de saúde pública Ciência e Cultura, São Paulo, SBPC, 27 (3) mar/1975.

LIPCHIK, E., de — SHAZER, S. (1986) — *The purposeful interview*. Journal of Strategic and Systemic Therapies, 1986 Spr-Sum vol. 5 (1-2) 88-99.

LOPES, M. A. (1981) — Avaliação de serviços de Psicologia Clínica — Dissertação de Mestrado — PUC-SP.

MACEDO, R. M. S. — Org. — (1986) — *Psicologia e Instituição — Novas Formas de Atendimento* — Cortez, São Paulo.

MIERMONT, J. e cols. (1994) — *Dicionário de Terapias Familiares — Teoria e Prática* — Artes Médicas, Porto Alegre Tit. orig. Dictionnaire des Thérapies Familiales-Théories et Pratiques Payot, 1987.

MINUCHIN, S. (1982) — *Famílias — Funcionamento e Tratamento* — Artes Médicas Porto Alegre Tit. orig. *Families & Family Therapy* - Harvard University Press, 1974.

MINUCHIN, S. e FISHMAN, H. C. (1990) — *Técnicas de Terapia Familiar* — Artes Médicas, Porto Alegre Tit. orig. *Family Therapies Tecniques* — Harvard University Press, 1981.

MINUCHIN, S. e NICHOLS, M. P. (1995) — A Cura da Família, Artes Médicas, Porto Alegre-RS Tit. orig. *Family Healing: Tales of Hope and Renewal from Family Therapy, S. Minuchin e M. P. Nichols, 1993)*

MOLNAR, A. DE SHAZER, S. (1987) *Solution focused therapy: toward the identification of therapeutic tasks.* Jounal of Marital and Family Therapy, 1987 Oct vol. 13(4) 349-358.

PAPP, Peggy (1992) — *O Processo de Mudança: Uma abordagem prática à terapia sistêmica da família* — Artes Médicas, Porto Alegre-RS Tit. orig. *The Process of Change The Guilford Press, New York*

PENDAGAST, E. G. e SHERMAN, C. C. — Guide to the Genogran in *Revista The Family, vol. 5, nº 1.*

POSTER, Mark (1979) — Teoria Crítica da Família, Zahar, Rio de Janeiro, 1979. Tit. orig. *Critical Theory of the Family, 1978.*

RAMOS, M. (Org.) (1992) — Terapia de Casal e Família — O lugar do Terapeuta. Brasiliense, São Paulo, 1992.

RELATÓRIO de Avaliação da Clínica-Escola Senador Fláquer apresentado no 2º Encontro Estadual de Clínicas-Escola realizado na PUC-SP, 1994.

ROSENTHAL, M. K. BERGMAN, Z. (1986) — *A flow chart presenting the decision making process of the MRI Brief Therapy Center.* Journal of Strategic and Systemic Therapies, 1986 Spr-Sum vol. 5 (1-2).

SEGAL, L.; KAHN, J. (1986) — *Brief Family Therapy*. Individual Psychology — Journal of Adlerian Theory, Research and Practice, 1986 Dec. vol. 42 (4) 545-555.

SHAPIRO, L. E.; HENDERSON, J. G. (1992) — *Brief therapy for encopresis: A case study.* Journal of Family Psycotherapy, 1992 vol. 13(3) 1-12.

SMYRNIOS, K. X.; KIRKBY, W. J. (1989) — *A review of brief, child-oriented family therapy outcome research: Descreptive reportes and single group studies*. Australian and New Zealand Journal of Family Therapy, 1989 Sep vol. 10(3) 151-159.

SMYRNIOS, K. X.; KIRKBY, W. J. (1992) — B*rief family therapies: A comparisson of theoretical and technical issues.* Australian and New Zealand Journal of Family Therapy, 1992, Sep. Vol. 13(3) 119-127.

SOUZA, R. M. (1994) — *Paternidade em Transformação — O Pai Singular e sua Família* — Tese de Doutorado — PUC-SP.

STANTON, M. D. (1981) — *Strategic Approches to Family Therapy* — Gurman, New York, Handbook of Family Therapy.

UMBARGER, C. C. (1983) — *Terapia Familiar Estructual* — Amarrortu, Buenos Aires, Tit. orig. *Structual Family Therapy* Grune & Stratton, New York, 1983.

VASCONCELOS, M. J. E. (1995) — Terapia Familiar Sistêmica — Bases Cibernéticas. Editorial Psy, Campinas, 1995.

WATZLAWICK, P.; BEAVIN, J. H. e JACKSON, D. (1973) — *Pragmática da Comunicação Humana* — Cultrix, São Paulo Tit. Orig. *Pragmatics of Human Commu-nication* — Norton & Company, New York, 1967.

WATZLAWICK, P.; WEAKLAND, J. e FISCH, R. — Mudança: Princípios de Formação e Resolução de Problemas — Cultrix, São Paulo (s/d) Tit. orig. *Change: Principles of Problem Formation and Problem Resolution.*

ZEIG, J. H. (1995) — *Seminários didáticos com Milton H. Erickson* — Editorial Psy II, Campinas, 1995.